Não estamos
abandonados

Não estamos abandonados

pelo espírito
João Pedro

apresentação de
Schellida

psicografia de
Eliana Machado Coelho

LÚMEN
EDITORIAL

Não estamos abandonados
pelo espírito João Pedro
psicografia de Eliana Machado Coelho
Copyright @ 2013 by
Lúmen Editorial Ltda.

4ª edição – fevereiro de 2021

Coordenação editorial: *Ronaldo A. Sperdutti*
Preparação de originais: *Eliana Machado Coelho*
Revisão: *Profª Valquíria Rofrano*
Projeto gráfico e arte da capa: *Ricardo Brito | Estúdio Design do Livro* Imagem da capa: *KR Media Productions | Shutterstock*
Impressão: *Gráfica Rettec*

Dados Internacionais de Catalogação na Publicação (CIP)
(Câmara Brasileira do Livro, SP, Brasil)

João Pedro (Espírito).
  Não estamos abandonados / pelo Espírito João Pedro ; psicografia de Eliana Machado Coelho. – São Paulo : Lúmen Editorial, 2013.

  ISBN 978-85-7813-140-1

  1. Espiritismo 2. Psicografia 3. Romance espírita I. Coelho, Eliana Machado. II. Título.

13-10514 CDD-133.93

Índice para catálogo sistemático:
1. Romances espíritas psicografados : Espiritismo 133.93

4-02-21-2.000-31.233

LÚMEN
EDITORIAL

Av. Porto Ferreira, 1031 | Parque Iracema
CEP 15809-020 | Catanduva-SP
17 3531.4444

www.lumeneditorial.com.br | atendimento@lumeneditorial.com.br
www.boanova.net | boanova@boanova.net

2014
Proibida a reprodução total ou parcial desta
obra sem prévia autorização da editora

Impresso no Brasil – *Printed in Brazil*

Sumário

APRESENTAÇÃO   7

Capítulo 1
    COMO SE FORMA UM REBELDE   9

Capítulo 2
    DESCOBRINDO UMA NOVA VIDA   25

Capítulo 3
    CADA UM VIVE NA COMPANHIA QUE ELEGE   41

Capítulo 4
    ESCRAVIDÃO   55

Capítulo 5
    O SOCORRO   69

Capítulo 6
　　Novo mundo　　　　　　　　　　　　87

Capítulo 7
　　Em novas tarefas　　　　　　　　　107

Capítulo 8
　　De volta à crosta terrestre　　　　123

Capítulo 9
　　O encontro com Schellida　　　　139

Capítulo 10
　　A família de Tadeu　　　　　　　161

Capítulo 11
　　O mundo do crime　　　　　　　181

Capítulo 12
　　Minha família　　　　　　　　　195

Capítulo 13
　　A ideia deste livro　　　　　　　217

Apresentação

Não importa o tamanho de um livro se o seu conteúdo não renovar o leitor.

É importante aprender que todo e qualquer sofrimento humano tem como principal causa a ignorância de si mesmo e das Leis da Vida, que são as Leis de Deus.

O mundo moderno, a sociedade atual, os meios de comunicação ensinam tudo, porém, infelizmente, esse "tudo" vem recheado de erros e noções inúteis, muitas vezes perigosos, que destroem a felicidade da vida adulta deixando muita reparação a fazer.

É difícil encontrarmos alguém, não que nos ensine, mas que mostre, verdadeiramente, o resultado dos desvios que podemos cometer.

Nesta obra, João Pedro vem servir de exemplo a pais e jovens, além de todo aquele que deseja se instruir, mostrando como é fácil entrar no mundo das drogas e a dificuldade de sair dele, mesmo após esta vida.

Todos somos capazes de realizar algo. No que diz respeito às drogas, estamos, direta ou indiretamente, sofrendo as consequências desse mal.

A primeira coisa a se fazer é ter um lado, um partido, uma opinião, e saber o porquê dela.

Creio que João Pedro, autor deste literário, poderá auxiliar muito nesse sentido.

Não preciso dizer mais nada, pois este livro mostrará isso por si só.

Com votos de paz, rogo ao Pai Celeste muita luz na consciência de cada um.

Schellida

Capítulo 1

Como se forma um rebelde

Podem me chamar de João Pedro.

Nasci em uma família de classe média alta e sempre fui favorecido e privilegiado. Quando não o era, bastava bater o pé ou fazer birra que logo as coisas se acertavam a meu favor. Todos me davam o que eu queria.

Meus pais sempre foram ótimos, na opinião deles e na minha também.

Eles eram empresários. Tiveram três filhos: meu irmão mais velho, Mário Sérgio, eu e minha irmã mais nova, Maria Cláudia.

Digo que eles eram ótimos pais, porque nos deixavam fazer de tudo. Acreditavam que isso iria nos fazer bem, que iríamos ser líderes de alguma forma, bem-sucedidos, donos de situações e muito mais.

Ninguém podia chamar nossa atenção. Tios, avós, fosse quem fosse, não podiam nos contrariar que nossos pais não gostavam.

Podíamos falar palavrões, ofender os mais velhos, chutar as pessoas e nos meter em quaisquer conversas. Não éramos repreendidos nem orientados.

Quando muito, minha mãe dizia:

– Filho, não faz isso, é feio.

Ou então:

– Esse menino é levado! Não sei o que faço com ele.

Nosso pai, então, tinha a seguinte fala:

– Deixa o menino. Ele é pequeno ainda. Não entende direito. Quando crescer a gente ensina.

Mentira! Posso afirmar que eu entendia sim.

O que eu fazia para chamar a atenção, agredir, machucar, me mostrar e me exibir, eu entendia sim que era errado e sentia uma satisfação enorme em contrariar aqueles a quem ofendia.

Lembro-me de certa vez em que chutei minha tia Celeste e ela me repreendeu. Eu tinha quatro anos de idade. Minha mãe brigou com ela e, ainda, quando chegamos à nossa casa, minha mãe ficou reclamando da atitude de minha tia por ter me dado bronca.

– Quem ela pensa que é para chamar a atenção do meu filho?! – disse minha mãe indignada.

Nesse dia experimentei uma grande satisfação. Minha mãe achava que eu não podia compreender, mas estava muito enganada.

E na escola então... Eu batia e mordia os coleguinhas com frequência. Não tinha limites nem respeito por ninguém. As reclamações sobre meu comportamento, assim como o comportamento de meus irmãos, eram muito frequentes.

Com isso eu ganhava "espaço". Sentia-me superior.

Por esse e muitos outros motivos, fui crescendo e julgando que não era necessário ter consideração ou respeito por ninguém. Afinal, por que ou para que precisava ser educado ou respeitoso?

De alguma forma, eu entendia que meus pais tinham dinheiro e quem tem dinheiro pode tudo, pode comprar tudo. Não depende de ninguém para nada. Era assim que eu pensava.

Fui crescendo...

A separação dos meus pais foi um choque. Uma surpresa que eu não aceitei.

Por fora eu parecia conformado, dizendo que isso era normal. Afinal de contas, a separação de um casal, o divórcio, era mostrada nos programas de TV e nas novelas, principalmente, como a coisa mais comum do mundo.

Mas, no íntimo, eu fiquei contrariado.

Minha mãe contou que foi traída e não aceitou. Meu pai... Bem, ele não disse nada.

Sabe aquela história que o papai está se divorciando da mamãe, mas não vai se separar de vocês?

Bem, isso foi na teoria, porque na prática mesmo... Nosso pai foi nos visitar só no começo e depois se afastou, alegando falta de tempo.

Não demorou, e até o dinheiro da pensão começou a deixar de pagar.

Minha mãe brigava, insultava nosso pai com os piores nomes. Ficava irritada, extremamente nervosa.

Por fora, eu exteriorizava que achava aquilo normal, mas, por dentro, eu invejava aqueles que exibiam mães e pais na porta do colégio ou em um encontro casual nos shoppings.

Eles tinham uma família e eu?... Uma lasca de algo que se desfez.

Fumei meu primeiro cigarro aos treze anos de idade. Escondido, é lógico.

Comecei a me atrair para junto de amigos de um nível inferior. Não financeiramente, se é que me entendem.

Ficávamos juntos pelas ruas até altas horas da noite. Éramos meninos e meninas descompromissados, descolados e, naquele grupo, sentíamos força e poder. Aliás, podíamos tudo.

Andávamos no metrô com roupas e penteados que chamavam a atenção. Falávamos alto, xingando e ofendendo para contrariar aqueles idiotas, velhos conservadores e ranzinzas. Fazíamos isso para mostrar que éramos donos do nosso nariz e livres.

Cometíamos atos de vandalismo, quebrando e pichando patrimônios públicos e o que mais encontrássemos nas vias públicas, casas e logradouros.

Não sei os outros, mas eu, bem, acho que fazia isso por não ter sido educado para ter limites, para ter respeito. Nunca meus pais disseram para eu me colocar no lugar dos outros, no lugar daquele que é prejudicado, lesado, ofendido.

Se os pais soubessem a força que tem um casal, uma família, um lar... Juntos, para educar corretamente os filhos que Deus lhes confiou, é sempre melhor. Os filhos, educados por pais conscientes de seus deveres, que ensinam respeito e limites, sempre têm mais segurança, confiança, autoestima e não vão ter a necessidade de cometer tantos enganos, como eu cometi, para me autoafirmar.

Quando lembro que eu queria ofender e agredir, verbal ou emocionalmente, aqueles a quem chamei de velhos idiotas, conservadores e ranzinzas, sinto enorme vergonha, hoje. Eles tinham tantos ensinamentos respeitosos, equilibrados e valorosos para me ensinar que...

De alguma forma, talvez, eles sentissem ou soubessem que aquele comportamento agressivo, isolado ou em turma, iria nos levar a amargos erros, enganos e muito a reparar depois.

Mas, naquela época, eu era um verdadeiro idiota e não sabia disso. Na verdade eu "me achava"! Considerava-me imortal e todo-poderoso!

Achava que não iria envelhecer, que não precisaria pensar no futuro, que eu seria sempre favorecido e privilegiado como sempre fui desde pequeno.

Comecei a levar a turma para minha casa.

Desde o portão já fazia bagunça e barulho. Sujávamos a rua com copos descartáveis de bebidas, latas e garrafas.

Os vizinhos ficavam loucos, nervosos. Eu ria disso. Eles não podiam fazer nada. Nada!

Pioravam as reclamações quando o assunto era som, festas e algazarras que varavam a madrugada.

Minha mãe... Bem, minha mãe não dizia nada. Ela acreditava que eu tinha o direito de me divertir. Afinal, a vida estava sendo difícil para mim e para meus irmãos, por conta da ausência de nosso pai.

Então ela deixava tudo acontecer.

Muitas vezes ela bebia e, embriagada, jogava-se no sofá e nem via o que acontecia no quintal e na garagem lá de casa, lugar que eu e meus irmãos usávamos para dar nossas festas e fazer nossas reuniões.

Quantas vezes eu e meus irmãos brigávamos de socos e pontapés, além dos palavrões.

Apesar disso, quando o Mário Sérgio, meu irmão, precisava de alguma coisa, principalmente dinheiro, ele recorria a mim.

Comecei a ajudar minha mãe nos negócios, pois a empresa, dividida após o divórcio, precisou de funcionários. Isso foi antes que eu terminasse o colegial, hoje chamado de Ensino Médio.

Meu pai decidiu formar outra família, mesmo sabendo que não tinha competência nem para amparar a primeira.

Bem que dizem que, na maioria dos casos, na segunda união, a pessoa sempre arruma alguém igual ou pior do que a primeira pessoa.

Claro que isso não é uma regra, mas foi o que aconteceu com o meu pai.

Pelo menos, quando estava com minha mãe, os negócios iam bem. Depois... Ele foi à falência algumas vezes. A segunda mulher era péssima companheira e... É bom nem comentar.

Às vezes passávamos um ou dois anos sem ver nosso pai. Daí dá para se ter uma ideia da ótima vida em que ele se meteu.

Os dezoito anos foi uma idade ótima, na minha opinião, na época.

Fiz minha primeira tatuagem. Fumei o primeiro cigarro de maconha. Saí com uma garota e ganhei meu primeiro carro.

Senti-me a pessoa mais poderosa do mundo. Eu podia tudo. Era o dono da minha vida.

Começaram, mais assiduamente, as baladas, os shows, os *Rock in Rio*... Sexo, drogas, rock, músicas eletrônicas, funks e tudo o que fosse rebelde...

Festas e baladas de todos os gêneros, desde que tivessem garotas e entorpecentes.

Nunca me apeguei a nenhuma menina.

Para mim, eram todas sem valor, a fim de curtir a vida. E eu as tratava como mereciam. Não me importava com nenhuma. Nunca respeitei nenhuma. Não considerei nenhuma.

Aliás, penso que nesses grupos de amigos todos se tratam assim. Ninguém considera ninguém de verdade.

Íamos a baladas quentes. Organizávamos festas pesadas onde rolavam sexo casual, entorpecentes, brigas, ofensas...

Os pais desses jovens, incluindo os meus, não tinham e não têm ideia do que acontece nessas baladas, nessas reuniões com essas turmas.

Quantas e quantas vezes, embriagado e/ou entorpecido, eu e meus colegas não tínhamos a menor noção do que havíamos feito.

Uma vez, uma garota, de nome Fátima, disse que eu era o pai do filho que ela esperava. Mas muitos outros haviam se relacionado sexualmente com ela na mesma noite, na mesma festa que realizei no fundo do meu quintal. Nem sei se nós nos envolvemos em outros dias, talvez sim.

Como é que poderia provar que o filho era meu antes de nascer? Seria bem complicado.

Não esperei que nascesse.

Para evitar problemas, mesmo nem me lembrando dela direito, arranjei uma grana. Fomos a um lugar e ela fez o aborto. Até me lembro que ela passou muito mal.

Levei-a para casa e vi que era de uma família legal. Tinha uma mãe preocupada, zelosa, educada, católica, e que ficou horrorizada ao saber o que a filha tinha feito.

Essa mãe nem sabia que a filha vivia rodeada de amigos daquele nível. Do mesmo nível que eu.

Disse-me que quando ela ia para aquelas festas, Fátima contava que dormia na casa de uma amiga e ela, a mãe, acreditava.

A outra garota tinha um bom nível moral, social. Na verdade, essa amiga nem sabia que Fátima mentia a respeito desse assunto.

Voltei para casa me sentindo mal com esse assunto, mas não entendia o porquê. Não demorou e dei as costas para o fato. Não quis saber de mais nada. Problema dela. Que se dane, pensei.

෴ Eu nunca levava o controle remoto da garagem lá de casa. Quando chegava, da rua mesmo, tocava a buzina do carro, fosse qual fosse a hora, para alguém pegar o controle e abrir o portão. Isso incomodava os vizinhos.

Certa vez, um senhor, um velho chato e ranzinza, veio conversar comigo e reclamou sobre esse fato.

Ri na cara dele. Zombei e depois o ofendi. Ele me disse que meus pais me formaram um rebelde sem limites e sem educação. E eu gostava de ser rebelde, sem limites e sem educação.

Quem ele pensava que era para me chamar a atenção ou sequer pedir que eu não fizesse barulho?!

Mandei que ele fosse se danar e outras coisas mais.

Como lamento por isso hoje. Aquele homem estava me sinalizando o desregramento que leva à profunda angústia e dor. Mas eu não sabia. Não entendia.

Eu e meus irmãos não respeitávamos ninguém. Éramos donos de nossa vida e das situações. Fomos ensinados assim.

Como precisávamos de dinheiro, pois os negócios iam mal, decidi entrar em contato com um fornecedor de entorpecentes. Combinamos que ele venderia drogas nas festas que eu organizasse em casa e me pagaria uma porcentagem.

Feito isso, nossa casa passou a promover baladas quase semanalmente.

Bebidas e drogas à vontade, fossem menores de idade ou não, desde que pagassem.

E o tempo foi passando...

ტჯ Minha irmã engravidou e nem sabia quem era o pai. Como ficou com medo de fazer um aborto, nasceu um menino.

Depois de um tempo, ela conheceu outro cara e foi morar com ele.

O sujeito não aceitava muito o meu sobrinho, por isso o menino, praticamente, morava lá em casa.

Desde pequeno, o Kleber, meu sobrinho, foi criado assistindo a tudo o que fazíamos.

Afinal, a vida é assim mesmo. Nós pensávamos que, de um jeito ou de outro, ele iria aprender tudo aquilo.

ტჯ Madrugada de uma sexta-feira.

Eu estava em meu carro com o som em volume extremo. Eu ria, imaginando como aqueles velhos ranzinzas deveriam estar raivosos em suas residências, cujos vidros e portas, possivelmente, tremiam devido à potência do meu som.

O motor barulhento e acelerado do veículo complementava minha satisfação em perturbar.

No carro, havia uma garota comigo. Naquele momento, eu nem me lembrava o nome dela.

Um cara parou no semáforo ao meu lado. Fez um sinal e eu topei apostar corrida até o final daquela avenida larga.

Senti-me em uma pista de corrida.

Quando a luz verde acendeu, eu acelerei.

Lembro de ter driblado dois ou três outros carros com ultrapassagens extremamente perigosas.

Mas eles eram "uns bananas" que estavam ali, atrapalhando naquela hora da madrugada.

A menina do meu lado começou a gritar. Não de medo. Gritava como incentivo, aumentando a minha adrenalina, misturada a outras drogas que circulavam no meu corpo.

Passei alguns semáforos fechados e o cara me seguindo.

Não tinha medo de multa, pois a placa do meu carro tinha um número trocado. Radar nenhum poderia me autuar.

Eu sempre fui ótimo no volante. Mas, naquele dia, no fim da avenida, não consegui parar o carro cujo velocímetro marcava 140 km por hora.

Nessa velocidade, não vi como nem o que foi. Só ouvi um barulho muito forte que pareceu uma explosão.

O som do meu carro parou de tocar. Perdi os sentidos por alguns instantes.

Um tempo depois, que não sei precisar, escutei um murmurinho, vozes de curiosos.

Havia sangue escorrendo no meu rosto. Dores por todo o corpo. Comecei a gritar de dor. Eram muito fortes. Gritei muito.

As luzes das viaturas da polícia e do carro do Corpo de Bombeiros me deixavam tonto.

Usaram serras, alavancas para cortarem a ferragem. Vi puxarem o corpo dilacerado da moça que estava comigo e o colocarem no chão, cobrindo com um plástico preto.

Eu tentava falar com o policial, mas ele não me dava atenção. Achei que era por arrogância, pois ele estava em situação melhor do que a minha, e gente assim se acha repleta de razão. Não ouve os outros.

Mesmo sentindo fortíssimas dores, eu me mexi e me arrastei daquelas ferragens.

Fiquei sentado no asfalto ao lado do carro por algum tempo.

Levantei-me com dificuldade e me achei o máximo por isso.

Ofendi os policiais e os bombeiros pela lerdeza de removerem as ferragens do carro para eu sair, porém eles nem ligaram.

Olhei direito o veículo que estava irreconhecível. Um amontoado de lata. No momento da batida, o motor havia se desprendido e foi parar quase duzentos metros do local.

Foi então que percebi ter batido em um poste de cimento muito grosso, daqueles bem reforçados, mas meu carro conseguiu derrubá-lo.

Experimentei um mal-estar muito grande ao olhar novamente para o que sobrou do corpo daquela menina que estava comigo.

Havia muito sangue no chão.

Olhei para algumas pessoas que cercavam o lugar e gritei:

– O que estão olhando?!!! Não têm o que fazer, não?!!! Vão procurar o que fazer em suas casas!!!

Lembro que fiquei tonto novamente e me apoiei em uma viatura.

E aqueles policiais nem para me socorrer... Ficavam ali, serrando mais alguma parte do carro, mesmo eu dizendo que não havia mais ninguém.

Por um momento eu pensei:

"Será que atropelei alguém? Será que tem algum infeliz ali no meio daquele amontoado de lata? Se tiver... Estou ferrado! Vão me prender. O melhor é sair daqui".

E foi o que eu fiz.

Suportei as dores e me esgueirei por entre os curiosos a fim de fugir do local do acidente.

Minha perna e minhas costas doíam. Mas o pior era a cabeça, que não parava de sangrar.

Comecei a caminhar. Achava que não estava muito longe de casa. Fiquei muito confuso. Primeiro pensei que estivesse apostando corrida em uma avenida que ficava em um bairro longe de onde eu morava. De repente, fiquei tonto. Parei, encostei a mão em uma parede e apoiei a cabeça no braço. Enquanto fechava os olhos, lembrei que perto de minha casa havia uma avenida bem larga e achei que me encontrava nela.

Pensei que devia ter bebido muito ou inalado algo em demasia, desta vez, por isso aquela confusão mental, aquele estado tão perturbado.

Ergui a cabeça novamente e segui rumo à minha casa. Verifiquei que, de alguma forma, estava bem mais perto do que imaginava.

Como entrei com facilidade, deduzi que haviam deixado o portão aberto.

Fui pelo corredor lateral e subi as escadas, entrando pela porta dos fundos.

Ouvi barulho que vinha da sala. Olhei e vi meu sobrinho Kleber, de oito anos, deitado no sofá, dormindo com a TV ligada.

Fui para o meu quarto e me deitei.

Capítulo 2

Descobrindo uma nova vida

Acordei com um falatório.

Era a voz de minha mãe que gritava por causa de alguma coisa.

Não dei muita importância. Ela sempre gritava à toa. Devia ser hora do almoço. Era esse o horário que eu costumava acordar nos fins de semana, pois a refeição era servida após às 14h30. E se fosse tarde assim, minha mãe devia ter bebido alguma coisa forte enquanto fazia o almoço, por isso estava alterada.

Sentia uma dor horrível na minha cabeça e dores horríveis em todo o meu corpo.

Lembrei-me do acidente e me senti mal. Muito mal.

Sentei na cama rapidamente e achei que a polícia estaria ali me procurando, por isso minha mãe fazia aquela gritaria toda lá na sala.

Talvez eu tivesse atropelado alguém e me procuravam pela morte do sujeito.

Recordei também da moça que estava comigo. *Umazinha* que encontrei na balada e saí para me divertir, pensei de forma infeliz.

A cena de ver um bombeiro pegando pedaços do corpo dela não me saía da cabeça. Era uma imagem macabra, feia, que eu não conseguia tirar de mim.

Uma tontura me dominou deixando minhas vistas turvas. Era estranho como eu via as coisas. Tudo parecia meio nublado.

Eu estava ensanguentado. Olhei para minhas roupas e vi que minha calça tinha um rasgo e dele eu podia ver o corte horrível no joelho, que doía demais.

Senti um mal-estar estranho, misturado a uma fraqueza que não sabia explicar. Nunca havia sentido aquilo.

Eu precisava de um médico.

Coloquei a mão na cabeça, bem onde doía, e senti uma brecha. Fiquei assustado. Apavorado, na verdade.

Como é que eu poderia ter uma brecha daquele tamanho e estar ali, consciente?!

Foi o que me perguntei, mas não obtive resposta.

Senti-me muito pior e me apoiei na cama. Acho que desmaiei.

∽ Novamente acordei.

Precisei de uma força descomunal para me levantar. Mesmo sob o forte efeito da tontura, eu me segurei pelas paredes e andei para fora do quarto.

Caminhei pelo corredor e cheguei até a sala. Vi minha mãe sentada no sofá com uma xícara de café na mão.

– Oi – eu disse em tom brando. Ela nem me olhou. Deveria estar com raiva por eu ter acabado com o carro. – E aí? Você já está sabendo do acidente?

Novamente ela não disse nada.

Pegou o controle remoto, mudou o canal da TV e aumentou o volume.

– Mãe, tô com a cabeça machucada. Tem um rombo aqui! – Colocando a mão no ferimento, eu me sentei do seu lado e me curvei para ela, mostrando.

Minha mãe continuou do mesmo jeito e de cara amarrada.

– Pô! Caramba! Tô falando com você! Vai me ignorar por causa de um carro amassado?! – gritei e falei alguns palavrões. Isso era comum lá em casa.

Nenhuma palavra dela.

Fiquei com raiva e me levantei.

Quando eu ia saindo da sala, meu sobrinho Kleber entrou correndo e chamando:

– Vó! Vó!

– Oi. Que cê qué?

– Minha mãe tá vindo aí, vó. Disse que precisa me deixar aqui esta semana, de novo.

Não demorou e minha irmã entrou.

– Oi. E aí? – Maria Cláudia olhou para mim por um momento e logo se virou para nossa mãe que estava séria, com um ar fúnebre.

Enquanto eu respondi:

– Não estou bem, não. Estou dolorido. Com essa brecha aqui na cabeça. Olha. – Ao me aproximar, Maria Cláudia se afastou e foi para o sofá, não me dando atenção. – O que está acontecendo aqui? Por que você também está me ignorando?!

Nessa hora minha mãe começou a chorar e minha irmã a abraçou, dizendo:

– Não fica assim, mãe. Essa droga de vida é assim mesmo.

– Você viu como ficou o carro dele? – perguntou minha mãe chorando.

– Vi.

– Coitado do meu filho. Ele não merecia morrer assim... Era tão novo!... Tão jovem!... Tão bonito!... Meu filho era muito bonito!

Fui tomado por um choque inigualável.

Eu tinha ouvido direito?! Ela disse que eu não merecia morrer?!

– Eu não morri!!! – berrei. – Não morri!!! Oh! Estou aqui!!! Vejam!!!

Eu reagi. Elas não. Continuaram do mesmo jeito.

– Vocês duas estão loucas!!! Falem comigo!!!

Sem qualquer êxito, corri para perto do meu sobrinho e gritei:

– Kleber! Você está vendo o tio, não está?!

Mas meu sobrinho, sem me dar a menor atenção, continuou com o controle remoto da TV nas mãos, passando os canais à procura de um desenho ou de um programa que o interessasse.

Pensei que eu fosse enlouquecer.

Foi nessa hora que as dores aumentaram e o sangue começou a correr por todos os cortes que eu tinha pelo corpo.

– Coitado do meu filho. O caixão teve de ser lacrado...

– Que caixão?! Que lacre, o quê?!!! Estou aqui!!! – ainda tentei dizer para que me ouvissem.

Eu não sabia há quanto tempo estava ali. Só me lembro de um mal-estar terrível, de ver as coisas como se estivessem nubladas e de ter dormido.

Mentalmente, comecei a me forçar a lembrar da cena do acidente, da retirada da moça que estava comigo, dos policiais tentando cortar o resto das ferragens. Mesmo eu dizendo que não tinha mais ninguém ali, eles não me deram importância.

Então era isso. Os policiais e bombeiros continuavam mexendo nas ferragens para tirar o meu corpo. Não havia mais ninguém ali senão eu mesmo. Se eu tivesse ficado, teria me visto.

Novamente aquela sensação de loucura. Senti-me insano.

Como é que eu podia ter morrido?! Era jovem demais e tinha uma vida inteira pela frente!

E agora?! O que seria de mim?!

No momento seguinte, eu pensava que não. Não, não, não podia estar morto. Aquele era um sonho ruim ou alguma brincadeira de mau gosto da minha família.

Ainda me amparando nas paredes, fui para o meu quarto e me sentei na minha cama. Olhei para as paredes e fui tomado por um medo terrível, avassalador, quando vi os pôsteres que estavam nas paredes e colados na janela.

Eles pareciam ter vida própria.

As fotos eram de caveiras e crânios pintados e desenhados, mas agora eles ressaltavam como se fossem feitos por uma substância de alguma espécie de massa plástica gosmenta e fétida.

As próprias paredes estavam impregnadas de algo que, até hoje, não sei descrever.

Nunca experimentei tanto medo em minha vida.

Sentado, fiquei encolhido com os pés sobre a cama e abraçado aos joelhos. Ouvi risos macabros e gargalhadas medonhas que não sabia a origem.

Algum tempo depois, meu irmão chegou. Corri para perto dele.

– Mário! Mário! Você pode me ver, não pode, cara?! – gritei desesperado.

Nada. Ele também me ignorou.

Continuou com o que fazia e foi até o aparelho, ligando o som alto. Era uma música eletrônica.

Não demorou e minha mãe chegou à porta do quarto dizendo:

– Abaixa isso! Não faz nem cinco dias que seu irmão foi enterrado! Desliga essa droga de som!

– Não vou não! Ele gostava dessa música. Essa é pra ele! – riu.

Minha mãe saiu do quarto.

A cada batida alta e forte daquela música, eu podia ver um tom escuro, preto amarronzado pulsar no ambiente.

Ao som estridente, sentia uma desarmonia inigualável, que prejudicava o equilíbrio psíquico, entorpecendo a mente e me deixando em um estado de perturbação que aumentava meu medo.

Vi vultos escurecidos, horripilantes e, ao olhar para as paredes, estas pareciam se derreter.

Meus ferimentos doíam e sangravam.

Como é que, morto, eu ainda sangrava e sentia dor? Para o meu pobre entendimento, isso não era possível. Mas estava acontecendo.

Aquele som, do qual eu tanto gostava, parecia agora me prejudicar e me perturbar imensuravelmente. Eram indescritíveis as sensações cruéis experimentadas por conta de uma música.

A próxima etapa foi o meu irmão acender um cigarro de maconha e começar a fumar.

Os vultos escurecidos tomavam formas mais densas e, como que envolvendo Mário Sérgio, rodeavam-no num abraço macabro.

Num canto, sobre a cama, fiquei acuado. Foi quando ouvi ou, de alguma forma, entendi o que eles diziam. Eram incentivos para que ele fizesse uso de mais entorpecente.

Nesse momento, eu me perguntei:

– Será que são espíritos dos mortos?

Nunca tinha perdido tempo com esse assunto. Podia jurar que aquelas criaturas conseguiam, de alguma forma, sentir o mesmo efeito que o meu irmão experimentava após o uso do cigarro de maconha.

Em meio às dores que me enlouqueciam, ao sangue que embebia minhas roupas e minha cama, fiquei encolhido, esperando que aquilo terminasse.

Todo o ambiente da casa tinha um pulsar constante daquela cor escura conforme o compasso da música.

Uma vibração amaldiçoada podia ser sentida nas entranhas da alma, em cada célula, em cada molécula de ar.

Uma rebeldia macabra acontecia ao nível de meus olhos, algo que meus irmãos, minha mãe e meu sobrinho não podiam ver.

Entidades se alimentavam por absorção das energias de meu irmão, que fumava entorpecente e folheava revistas inadequadas à boa moral. No ar tóxico desse ambiente, círculos escuros, produzidos pelas mesmas entidades, pairavam no ar.

Meu lar não tinha equilíbrio moral ou religioso. Ali não existia organização espiritual saudável nem defesa contra criaturas tão horripilantes, viciadas em sensações fisiológicas de toda espécie.

Era triste admitir isso.

Minha mãe entrou no quarto novamente e, depois de um palavrão, ordenou que Mário abaixasse o som.

Ele a ofendeu, mas obedeceu. Abaixou o volume da música que agora era outra. Falava tudo que era de baixo nível, em todos os sentidos.

Aqueles seres, que minha família não percebia, riam de modo irônico, zombavam e atiçavam mãe contra filho e filho contra mãe.

O medo aumentava de intensidade e tamanho. Não adiantava fechar os olhos, eu continuava, de alguma forma, vendo.

༼ As horas passavam.

Eu, ignorante e infeliz, não sabia o que fazer nem como agir.

Então, morrer era isso?!

Morrer era ficar vagando, doente, com dores, confuso e sem destino?

Quando se morre, não se vai para algum lugar?

E Deus? Onde estava Deus que não via meu sofrimento? Onde estava aquele Deus de amor que muitos falavam? Como um Deus, que é o Pai Criador, podia me deixar sofrer daquele jeito?!

Muito ignorante, em vez dessas perguntas incabíveis, eu deveria era me perguntar: onde é que eu estava com a cabeça para ter me metido em tantos enganos e descaminhos sem antes ter pedido a Deus que me guiasse? Por que eu não orei pedindo luz para minha consciência em vez de decidir facilitar a venda, o tráfico e o vício com entorpecentes? Se eu não tinha pedido a opinião de Deus antes, por que Ele precisava me responder algo, de imediato, naquele momento? Eu havia me esquecido de Deus minha vida toda. Tinha feito muita coisa errada. Como é que poderia querer ajuda naquela hora?

Eu queria respostas. Queria revelações. Não entendia que cada revelação tem o seu tempo. É preciso busca, preparo, conscientização para merecermos e usufruirmos o melhor na espiritualidade. Eu estava preparado para a consolação e não para a verdade. E a verdade era aquela. Aquele foi o mundo espiritual que eu atraí para mim e teria de lidar com aquilo ou conseguir sair dali. Mas como? Como fazer uma coisa ou outra?

Certa vez, acho que foi no colegial, cheguei a pensar que quando se morria ia-se para um lugar onde alguém cuidava de você, instruía, consolava e explicava sobre a nova vida fora do corpo.

Fiquei com essa ideia depois de ouvir duas meninas conversando a respeito de um livro, um romance espírita que leram e acharam legal. Eu, porém, nunca me interessei pelo assunto.

Será que eu precisava rezar para sair dali, daquelas condições?

Como fazer uma prece? O que era rezar? Isso eu nunca tinha aprendido.

Aliás, foi a partir desse momento, momento em que experimentei dor, desespero, um medo inominável, pânico e uma angústia intraduzível, que descobri que 90% do que é ensinado para nós é inútil ou errado e nos leva a perigosas e infelizes experiências que, num futuro próximo ou distante, pagaremos um preço muito alto pelas consequências e pelos resultados do que fazemos ou pensamos por conta do que aprendemos.

Sim, isso mesmo. Somos responsáveis também por tudo o que pensamos. Nossos pensamentos têm um poder de criação e atração imensurável, que ignoramos.

Isso ninguém nunca nos ensina.

Mas... Voltemos a falar da prece.

Eu sempre me achei o cara bom e todo-poderoso. O sujeito que não respeitava nada nem ninguém. Orgulhoso, vaidoso e prepotente.

Como é que alguém com essas características é capaz de fazer uma prece verdadeira?

Hoje descobri que a prece válida é aquela que provém de um coração humilde e de uma mente prudente, limpa e pura.

Alguém que vive de modo indigno, convive com pessoas impuras, compartilhando ou admitindo ideias de tudo o que é vil; alguém que oprime, pratica o mal, menospreza pessoas de sua própria família, exige para si considerações e enaltecimentos; alguém que mente, oprime, calunia, causa dor física ou moral; uma pessoa que faz chorar, adultera e trai; destrói a própria saúde com químicas desnecessárias ou danifica o próprio corpo, entre outras coisas; alguém assim tem, por acaso, o coração humilde e os pensamentos puros?

Essa pessoa tem condições de pedir para ser favorecido de alguma forma?

Favorecer, com dádivas, aquele que vive no erro é dar poder ao que já é mau.

Para sermos atendidos em nossas preces precisamos renovar sentimentos e ações.

Sabe aquela história de "deixar ali no altar a tua oferta e ir se reconciliar primeiro com o teu irmão. Depois vir e apresentar a tua oferta"? É isso. Simplesmente isso.

O Mestre Jesus ensina muito bem como devemos agir.

Precisamos renovar nossos sentimentos e nossas ações, mas, antes disso, melhorar os nossos pensamentos.

Tudo começa com os pensamentos, mas eu não sabia disso.

Foi então que eu comecei a chamar o nome de Deus, pedindo para sair dali. E... nada!

Pedi para que aquele medo e aquelas dores desaparecessem, mas não aconteceu. Então me voltei contra minha mãe, minha família. Ela, principalmente, deveria ter me ensinado a rezar direito.

Acreditei que Deus não me atendia porque eu não sabia as palavras certas e se não sabia era porque minha mãe não tinha me ensinado.

Fiquei revoltado.

Não entendi que a revolta me trazia mais prejuízos, mais dores e desespero.

ෆ Com o passar do tempo, notei que quando sentia fome, era só me aproximar, ficar ao lado de minha mãe e meus irmãos na hora das refeições que eu me sentia saciado.

Parecia que me alimentava por absorção. E era, mais ou menos isso que, de verdade, acontecia.

Também foi fácil perceber que experimentava exatamente os mesmos efeitos que os encarnados sentiam com a ingestão de bebidas alcoólicas. Para isso, usava o mesmo método da hora das refeições.

Só que, nesse caso, era preciso disputar com outros espíritos o espaço perto de minha mãe e meus irmãos.

Era horrível, mas, eu me submetia.

Criaturas feias viviam próximas deles, induzindo-os à ingestão de bebidas alcoólicas e comidas em demasia.

O mesmo acontecia com o uso de entorpecente. Só que era pior.

Em festas, baladas, grupos reunidos para uso ilícito do que quer que fosse, era só eu me aproximar para absorver o efeito do entorpecente.

Lógico que alguns encarnados já tinham, junto a eles, espíritos que os dominavam e não admitiam a aproximação.

Muitas vezes, formavam-se, na espiritualidade, verdadeiras gangues de domínio dos grupos de encarnados e não se podia aproximar deles.

Em alguns encontros desses jovens, o panorama, visto do plano espiritual, era de arrepiar.

Os efeitos devastadores provocados pelo uso de drogas prosseguiam no mundo invisível aos encarnados. Eram aglomerados de criaturas infelizes em terríveis experiências coletivas, escravizadas para além da vida corpórea, e muitas submissas a outros seres mais vigorosos e cruéis.

A dependência, no mundo dos espíritos, que exige consumo através da absorção para se ter as sensações e os efeitos, é igual ou pior à do plano físico.

Esse é o verdadeiro motivo de ser tão difícil inibir ou acabar com o consumo de entorpecentes de uma forma geral. Sejam drogas ou álcool. É assustador o número de desencarnados que assediam os encarnados que fazem uso de entorpecente e/ou bebida alcoólica.

Não há mistério nem segredo. Esses espíritos dependentes sugam as energias dos encarnados usuários, absorvendo, vampirizando-lhes até a própria vida e não os deixam voltar a mente para o que é harmonioso e equilibrado.

Não demora muito e esses espíritos dominam as suas opiniões, emoções, sentimentos, valores, subjugando-os a fazer qualquer coisa. Qualquer coisa mesmo, para se obter a sensação fisiológica e psíquica do efeito das drogas.

Doente, desesperado, sem o domínio de si nem da própria vontade, o encarnado se sujeita a tudo, abandonando-se, na maioria das vezes, à sorte de um destino cruel.

Capítulo 3

Cada um vive na companhia que elege

Uma angústia cruel se apoderava cada vez mais de mim. Enquanto isso, dores ininterruptas me castigavam as feridas mais recentes.

Mesmo dentro da minha própria casa, eu me sentia ameaçado.

Muitas vezes, eu me sentia examinado por outro espírito que me olhava como se fizesse uma análise, impondo medo e perturbação. Coagido, não me atrevia a olhá-lo pela segunda vez.

O comportamento de meu irmão Mário Sérgio, que não era nada diferente do meu, quando encarnado, atraía, cada vez mais, entidades de deploráveis condições, desequilíbrios e desordens mentais.

Eram criaturas feias, opacas, sujas e doentes. Em sua grande maioria, dependentes químicos espirituais, dementados e aflitos.

Entre eles, havia um líder que impunha inquietação e medo por sua perversidade e seu desequilíbrio. Usava palavrões e linguagem vulgar que chegavam a me incomodar em meio ao vozerio sempre desagradável.

As torturas íntimas eram cruéis. Eu não tinha sossego. Não sabia mais o que era paz. Aliás, nunca soube.

Certo dia, a paisagem estava menos pesada e escutei minha mãe falar ao telefone com sua irmã, minha tia Celeste.

Nesse momento, algo suave tocou meu coração.

Recordei-me da tia Celeste, do seu jeito educado e firme. Eu gostava dela e a admirava muito.

Quantas vezes minha mãe brigou com ela por ela tentar me educar ou repreender, por querer me ensinar limites saudáveis e educação, para que eu me importasse com os outros.

Minha mãe chorava ao telefone. Reclamou muito a minha falta, o meu fim, que julgava injusto, triste e cruel.

Suas palavras me causavam dores, dores terríveis, lancinantes, todas as vezes que ela lamentava sobre mim, mas eu me concentrei em minha tia, tanto que podia até ouvir sua voz.

Inesperadamente, sem entender como, eu estava junto dela. Bem ao lado.

Deixei de ouvir minha mãe e só me atentei para a sua voz.

– Ore, minha irmã. Peça a Deus que abençoe o João Pedro, que tome conta dele. Confie que ele está melhor com Deus do que aqui, neste mundo difícil. Suas preces farão muito bem a ele – dizia tia Celeste para minha mãe.

Emocionado, gritei:

– Tia! Tia! Como é bom estar aqui! Como é bom vê-la!

Fiquei muito ansioso. Fui tomado por uma sensação inexplicavelmente agradável que havia muito não sentia.

O telefonema continuou e eu fiquei ali.

Observei à minha volta. Tudo era limpo, claro, desde o plano físico até o espiritual.

Uma paz intraduzível me envolveu. Fui tomado por uma estranha sensação, leve e suave. Senti uma energia que, até então, desconhecia. Tive uma espécie de sono.

Abri os olhos da alma e, de imediato, fiquei interessado na atmosfera de paz experimentada naquele novo ambiente.

Surpreso, percebi um alívio inexplicável das dores que sentia.

Não demorou, notei uma movimentação diferente que acontecia junto a mim, no plano espiritual.

Eram entidades diferentes das que eu tinha visto até então. Muito diferentes!

Uma delas, sem dizer nada, usou a linguagem universal: um sorriso.

Retribuí e me coloquei em pé, mesmo não me sentindo tão disposto.

Aproximando-se, ele se apresentou:

– Pode me chamar de Igor.

Tímido, quase sem saber o que fazer, pois havia muito fugia de todos, tentei me apresentar, gaguejando:

– Eu sou...

Demorei muito para terminar a frase e ele completou:

– João Pedro. Sinta-se bem-vindo.

– Obrigado.

Acho que foi a primeira vez, na minha vida que, humilde e verdadeiro, agradeci alguém de todo o coração. Talvez, por isso, fui tomado de fortíssima emoção e chorei. Também não me lembro de ter chorado antes por uma emoção.

Tornei a me sentar e continuei chorando ininterruptamente por muito tempo.

Eu não sabia que poderia produzir lágrimas depois de morto. Eu não sabia como isso era possível.

Sequei o rosto pálido, fraco e feio com as mãos magras e frias. Olhei-as e vi mãos sujas com unhas grandes, pretas e horrendas.

Ergui o rosto. Pensei em encarar Igor, mas, ao seu lado, praticamente à minha frente, havia um outro homem, digo, espírito, com uma aparência nem jovem, nem velha, que, por um momento, continuou com as mãos estendidas sobre mim.

Seu rosto era sereno, límpido. Uma imagem que eu desejava guardar. Bondoso e sério, ele me fitou por alguns instantes.

Fiquei novamente emocionado diante de tanta beleza e luz que não sabia explicar. Lágrimas compridas banharam meu rosto, mas, desta vez, o choro não foi compulsivo. Apenas lágrimas.

Mesmo temeroso, perguntei:

– Você é algum anjo?

Ele sorriu. Um sorriso largo e leve e, em tom amoroso, respondeu:

– Sou um missionário. Um espírito humilde em reajustamento não se candidata à condição de anjo. – Ainda sorriu. – Pode me chamar de Erick. – Voltando-se para Igor, ele pediu: – Conduza nosso amigo para local mais apropriado, nesta oficina de socorro.

Igor sorriu. Pendeu com a cabeça e esperou Erick se afastar para me conduzir.

– Venha – ele pediu. – Temos acomodações mais restauradoras, a princípio. Este é um Posto de Trabalho Espiritual ou Posto de Socorro, como alguns chamam. E, como outros lugares, na espiritualidade, obedece à organização.

– Posto de Trabalho Espiritual? Posto de Socorro? O que é isso? – perguntei.

– Um lugar que conserva saudáveis e elevadas energias para recolhimento e acomodação de espíritos instruídos que atuam na crosta terrestre, orientando e recolhendo irmãos desorientados que mostram desejo ou vontade de esclarecimento e elevação.

A verdade era que não entendi nada do que ele disse, mas não alonguei a conversa. Sentia-me bem. Apesar de fraco e doente, o que eu mais queria era paz, e isso parecia que tinha encontrado ali.

Fui para um cômodo fechado, sem janelas. Mas, estranhamente, a luz parecia se desprender das paredes.

Um tom azulado, bem clarinho e fraco, deixava o recinto agradável.

Igor me levou até um leito onde sentei.

Quando fui fazer uma pergunta, o dedo indicador do novo amigo já estava na frente dos seus lábios, pedindo silêncio.

Deitei-me.

Minha aflição, meus tormentos se acalmaram.

Duas outras entidades, de aspecto igual aos de Igor, aproximaram-se e estenderam as mãos sobre mim. Uma estendeu as mãos sobre minha cabeça e a outra, com leves movimentos, sutilmente, passou as mãos sobre o resto de meu corpo, sem me tocar.

Não vi mais nada.

ꙮ Despertei.

Meu estado, ou melhor, minha aparência ainda não era das melhores, porém eu estava incrivelmente mais refeito.

Levantei e, não demorou, um daqueles que estava ali e que havia me aplicado aquela energia, o que mais tarde vim a saber que eram passes, aproximou-se de mim e me conduziu para a saída.

Foi então que percebi que ali, em outros leitos, havia outros, talvez em estado semelhante ao meu.

Cheguei a um corredor e logo Igor veio ao meu encontro.

– João Pedro, que bom vê-lo. Sente-se melhor?

– Sem dúvida. Ainda tenho certas dores, incômodos, mas em vista do que eu já experimentei... – Só disse isso, porém o que não me faltavam eram perguntas, e o novo amigo parecia saber disso.

Sem deixar que eu começasse com a primeira indagação, ele convidou:

– Venha. Precisa conhecer este Posto.

Quando cheguei, era a casa de minha tia Celeste, mas agora estava em um ambiente que eu desconhecia. Por isso perguntei:

– Onde estamos exatamente? Não reconheço esta parte da casa de minha tia.

– Não estamos na casa de sua tia. Você foi tirado de lá. Ela tem pedido muito para que você seja socorrido. E para que entenda, no plano físico, esses recintos não existem para os encarnados. Eles pertencem ao plano espiritual – Igor explicou com simplicidade.

– Tudo aqui é limpo e bonito. Existe um bem-estar impressionante. Já entendi que todos aqui, que podem me ver, estão mortos, não é mesmo? – Igor sorriu, confirmando minha pergunta. Continuei: – Então, por que os espíritos que estão aqui são tão diferentes dos que encontrei na casa de minha mãe?

– Onde quer que estejamos, nossa mente, nossos pensamentos e nossos desejos são infindáveis, é a força de atração e repulsão. – Erick respondeu, aproximando-se de nós.

Quando me virei e o encarei, vendo-o sorridente e de olhar bondoso, senti nova emoção.

– Existem leis morais e cósmicas que obedecem à nossa vontade. Por serem tão simples, muitas vezes, não damos atenção a elas. O pensamento, a vontade, os desejos obedecem a essas leis, por isso nós nos atraímos para o que criamos mentalmente. Pense em harmonia, alegria e paz, aja e fale dessa forma, que viverá em harmonia, alegria e paz.

– Mas não é tão simples assim, eu acho – contestei. – Já ouvi muitos dizerem que pensaram de forma positiva e só aconteceram coisas negativas.

– Será que pensaram positivamente em todos os sentidos? Ou será que desejaram algo positivo em sua vida, mas nada fizeram para merecer essa positividade? Ou será que o que queriam prejudicaria outras pessoas? – indagou Erick. Eu nada respondi. – Sabe, João Pedro, existem aqueles que desejam coisas positivas, mas não sabem por que elas não acontecem. Normalmente isso se dá por falta de merecimento, ou pelo fato de a pessoa não fazer nada para conseguir o que deseja, ou, ainda, por já ter vivido tanto, mas tanto tempo, pensando, desejando e fazendo coisa errada que é preciso um tempo para se equilibrar, harmonizar o que desarmonizou para, depois, passar a sentir os efeitos dos hábitos positivos e salutares, resultado dos novos pensamentos, desejos, palavras e ações equilibrados. Pessoas que vivem falando de doença acabam tendo as trilhões de células que formam as estruturas da matéria vibrando e reagindo ao seu apelo inconsciente. Depois de doente, certamente vai demorar para que as mesmas células respondam ao pedido de saúde e pensamento positivo de cura. As células que compõem o corpo físico são vivas, elas têm vida, são inteligentes e atuam em nosso padrão de vibração mental – completou Erick calmo e solícito.

– Conheci um caso bem interessante, ou melhor, nós conhecemos, não é instrutor? – indagou Igor olhando para Erick como quem pedisse confirmação. O outro sorriu e Igor prosseguiu: – Conhecemos uma mulher que vivia em uma casa de oração, prestava serviços sociais, pensava positivamente para sua vida, mas vivia falando mal de determinadas pessoas, criticando e até alterando algum fato. Sua vida não prosperava e ela não sabia a razão. Com o tempo, ela descobriu que tinha um problema nas mãos. Embora não fosse algo grave, essa mulher reclamava imensamente da dor, que não era tão forte, e procurou, por muito tempo, enganar os médicos para se ausentar do serviço, ficando de licença. Fez de tudo para se aposentar, submetendo-se a aplicações dolorosas e imobilizações para exibir-se doente. Tanto fez que se aposentou, mesmo sem precisar, de verdade, daquela condição.

Ficou feliz e realizada, no plano físico. Não percebeu que, no plano espiritual, angariou companhias do nível em que vibrava – prosseguiu Igor. – Com o tempo e com a idade, verdadeiros e sérios problemas de saúde surgiram. Isso foi por conta da impregnação mental que ela fez em seu próprio corpo.

Ela passou a rezar, fazer preces e promessas, mas não obtinha resultados positivos. Os problemas de saúde se agravaram – continuou. Ficou tanto tempo reclamando de doenças, que não tinha de forma tão grave para poder se aposentar, que envenenou seu corpo, que respondeu ao desejo nas vias de fato.

A maledicência e as fofocas foram outras fontes de envenenamento de sua alma, que demoraria muito para se recuperar. Para isso, ela precisaria mudar de atitude mental, melhorar os pensamentos. Essa mulher, não só impregnou seu corpo, como também atraiu, para junto de si, espíritos que apreciavam doenças e queriam se acomodar, serem consolados por estarem doentes.

Ouvi atento e perguntei:

– Então, deixe-me ver se entendi. Aqueles espíritos lá em casa, só estão lá por causa do que nós fazemos?

– Sem sombra de dúvidas – respondeu Erick. – Consequentemente, as práticas, os pensamentos e os desejos que vocês cultivaram e cultivam, surtiram e surtirão resultados no plano físico e espiritual. Os do plano espiritual, você mesmo acabou vendo.

– Resultados como o da minha morte?– perguntei, mas não esperei pela resposta, justificando-me:

– Morri antes da hora. Eu sou jovem. Tinha muito pela frente, mas...

– Você se expôs ao desencarne. Expor-se ao desencarne, como fez, é um meio de suicídio – Erick foi direto. – E também à prática de um homicídio.

– Não! De jeito nenhum! – protestei.

– No momento em que decidiu aumentar a velocidade, não se importando com a possibilidade iminente de um acidente, você se expôs ao suicídio sim. Além disso, não mediu as consequências de seu ato imprudente e arrastou consigo uma outra vida. Isso é homicídio. A alta velocidade não era necessária. Fez isso por prazer, por exibicionismo, por se sentir poderoso. Agora precisa reparar o que deixou acontecer. Esse reparo se inicia na consciência.

– Como assim? – perguntei.

– Através do crescimento espiritual, que ainda não possui, do caminho no aprendizado, que precisa fazer, e do autoperdão, que, por enquanto, não tem noção da existência de tal sentimento, tampouco da necessidade.

Não sei se eu havia entendido muito bem o que Erick tinha dito, mas, certamente, eu não queria entender. Só mais tarde senti no âmago do ser o que é precisar de autoperdão e não conseguir.

Mesmo que disfarçada, minha arrogância era tamanha que, depois daquele pequeno alívio que havia experimentado, eu pensava que precisava ser acolhido, amparado, protegido e bem cuidado, sem nada merecer.

Na verdade, fiquei irritado com o que acabava de ouvir. Como muitas pessoas, não queria ser responsável pelas consequências de meus atos, muito menos reparar o que tinha feito de errado.

Fui criado assim desde pequeno. Tudo o que fazia era permitido. Não fui educado a ter limites, respeito ou educação, como já disse. Ainda não aceitava que foi essa falta de limite e respeito que me levaram a ter o comportamento que tinha e atrair as influências espirituais mais propícias e compatíveis ao meu estado.

– E como eu faço para crescer espiritualmente? – indaguei, mais pensando egoisticamente, para sair daquele estado de sofrimento, do que para reparar o que havia feito, por conta de arrependimento ou equilíbrio.

– Para crescer espiritualmente, seja qual for o método escolhido, devemos nos propor a amar a Deus sobre todas as coisas e fazer ao próximo o que gostaríamos de receber. Além disso, temos de usar o bom senso e nos submeter a aprender e empregar o respeito, a verdade e o amor – respondeu Erick, oferecendo um sorriso generoso.

– Como posso começar a fazer isso?

– Comece observando. Fique por aqui... – e, ao se virar, murmurou – ...se conseguir.

Com certo desdém, observei Erick pelas costas. Seria muito fácil ficar ali.

Já havia ficado tanto tempo na casa de minha mãe suportando aquelas dores horríveis, além de um estado de consciência tão alterado, tão perturbado e sem mencionar o que recebia daquelas criaturas horrorosas. Ficar ali seria *bico*!

Capítulo 4

Escravidão

Comecei a observar a benfeitoria realizada naquele Posto.

Espíritos recém-desencarnados eram trazidos em estado de sono e entregues a cuidados de outros para uma espécie de higienização. Depois, levados para lugar mais específico por uma espécie de caravana socorrista.

Todos os que ali chegavam e partiam tinham condições de ir para estágios melhores. Pelo menos, eu não vi entidades sofridas, desajustadas ou rebeldes. Em outras palavras, como se fossem levadas à força.

Acho que quem estava em pior estado ali era eu.

Observei tudo conforme recomendado, e Igor, quando podia, orientava-me.

Não era sempre que Erick estava presente. Algo nesse missionário, como ele mesmo se denominou, atraía-me. Talvez fosse aquela luz, as expressões calmas, o jeito imperturbável, disposto e educado, sempre.

– Quem é ele, de verdade? – indaguei a Igor quando pude. – Falou que não era um anjo. Disse que estava em reajustamento.

– Esse reajustamento pode ser pelo fato de vir de outras esferas. O instrutor Erick nos auxilia e ensina muito. Tem, não só esse, mas também outros trabalhos que orientam outros irmãos, principalmente encarnados.

– O que ele faz além disso? – tornei a questionar.

– Recebemos o amparo de uma generosa benfeitora e podemos dizer que Erick é seu braço forte, como ela diz. Ela orienta equipes de socorro espiritual, além de oferecer total sustentação. Possui ainda um trabalho literário, como eu disse, para a orientação de encarnados. Trabalho esse que Erick dirige.

Lembrei-me daqueles livros sobre espiritualidade que ouvi falar quando encarnado, mas que nunca me interessei.

༄ Com o passar de breve período, comecei a sentir os efeitos que todo dependente químico experimenta quando não faz uso de drogas.

Eram sensações devastadoras, truculentas, desesperadoras que me deixavam perturbado.

Eu não conseguia organizar os pensamentos. Não ficava atento. Eu não parava de desejar algo químico que me trouxesse um efeito de entorpecimento.

Foi então que aprendi que os efeitos das drogas e da falta das drogas continuam no plano espiritual.

Em pouquíssimo tempo, minha aparência, que havia melhorado um pouco, mas que ainda não era boa, ficou bem pior. Os machucados ressurgiram em feridas vivas, sangravam e doíam. Dores imediatas e um desespero na alma, no coração.

Na condição de desencarnado, a dependência química exigia consumo através da absorção das energias de um encarnado que fizesse uso de drogas, e isso eu não ia encontrar ali.

Não adiantava os instrutores ou trabalhadores daquele Posto falarem comigo, eu não conseguia prestar atenção nas orientações, só nos meus desejos imensuráveis de sentir os efeitos de entorpecentes.

Um desespero e uma vontade incontroláveis. Não pude dominar os pensamentos.

Quando me dei conta, como por um passe de mágica, eu estava novamente na casa de minha mãe, com meu irmão e seus amigos reunidos. Havia, com eles, um rapaz novo naquele grupo de encarnados.

Talvez fosse a primeira vez que esse moço estivesse ali fazendo uso de entorpecente. Eu não o conhecia.

Assim que olhei e vi os demais, ensinando-o a usar drogas, outro espírito olhou para mim e, reconhecendo a minha necessidade, orientou:

– Vai lá! Chega junto!

Não pensei duas vezes. Eu me aproximei e percebi uma imantação em nível mental. Encostei minha testa na nuca do novato e senti-me como que colado nele.

À medida que ele inalava o entorpecente e os efeitos começavam em seu corpo físico e psíquico, eu também podia sentir o que ele sentia.

Abracei-o e sobrepus meus braços e mãos aos seus, acompanhando cada gesto, cada movimento, cada sensação.

Ria quando ele ria, ficava extasiado quando ele ficava extasiado. A impressão era de que eu pensava e ele agia.

Suas energias eram transportadas para mim e comecei a me sentir como quando encarnado.

Voltei ao nível de antes.

Sabe aquele papo que uma pessoa diz: "eu deixo o cigarro quando eu quiser. Deixo a bebida quando quiser. Eu não sou viciado, eu largo das drogas quando eu quiser"?

Mentira! Não é nada disso. Não é assim que funciona.

Quando a gente fuma, bebe ou usa drogas, a gente está doente física, mental e espiritualmente. Precisamos de ajuda, de socorro, de quem se importe realmente com a gente.

Por isso, para sair dessa doença, que é o vício, é necessário limpar o corpo, a mente e o espírito.

Precisamos de tratamento e ajuda, principalmente da ajuda de Deus.

ᛰ Quando acabavam as reuniões daquele tipo, para o uso de entorpecentes, promovidas pelo meu irmão ou, quando esses encontros demoravam a acontecer, eu saía daquela casa em busca daquele rapaz que eu usei para experimentar os efeitos das drogas e o envolvia. Ligava meus pensamentos aos dele e o deixava maluco, um necessitado mental. Ele atendia, sem saber, aos meus pedidos, às minhas inspirações.

O que eu queria mesmo era que ele chegasse ao ponto da dependência física, que é quando o corpo físico começa a exigir o uso de entorpecente e você é obrigado a fazer uso das drogas. Fica louco por elas.

Assim eu não perderia tanto tempo para incentivá-lo, inspirá-lo.

Com o tempo, o rapazinho se viciou, lógico.

Foi então que eu comecei a entender com que tipo de companheiros espirituais eu estava me envolvendo.

Aquele espírito que me viu chegando à casa de minha família, desesperado para sentir o efeito das drogas e me mandou chegar perto do encarnado, havia se denominado Apolo. Pois bem, ele coagiu-me.

Se eu quisesse vampirizar aquele rapaz e continuar reunido ali, com ele, deveria levar, para o grupo de encarnados, outro novo usuário de drogas.

Começava, então, um trabalho exaustivo de acercar outro encarnado para que se atraísse para o uso de drogas. Só que para isso eu precisava influenciar um encarnado do grupo, para atrair um outro encarnado que fosse novato.

Depois que tinha êxito, podia usar aquele rapazinho, encarnado, com o qual me afinei.

Era uma escravidão sem fim.

౬ Não dá para ficar relatando, em detalhes ou descrevendo com minúcias, o terror e a visão desse plano horrendo e cruel.

Resumindo: tornei-me um escravo.

Apanhava quando não tinha êxito em minha tarefa. Sofria torturas daquelas mentes enfermiças que nos lideravam, por atitudes consideradas de insubordinação.

Vaguei por aquela paisagem aflitiva e desesperadora por muito tempo.

༜ Soube da existência de organizações maiores quando o assunto era drogas e viciados.

Encontrei encarnados que, sob a visão espiritual, possuíam aspecto horripilante, pois eram submetidos a operações magnéticas delicadas; é difícil de explicar.

Eles tinham não só o cérebro, mas também todo o seu Sistema Nervoso Autônomo ou Sistema Nervoso Simpático, ligado ao magnetismo dos espíritos que os dominavam.

Em certas ocasiões, um sentimento de abandono me abatia e eu pouco me importava com o que acontecia à minha volta e comigo mesmo.

Dores na alma e no corpo espiritual me derrotavam.

Passei a vagar por ruas e lugares onde grupos estranhos de encarnados e desencarnados se reuniam.

Sofri muito. Não é possível descrever.

༜ Certa vez, em uma noite nebulosa, eu estava nas escadarias de uma catedral.

As feridas vivas pulsavam e pareciam piorar.

Eu parecia um animal. Irreconhecível. Minha mente vivia perturbada e confusa. Mesmo assim, algo ao longe me chamou a atenção.

Um grupo de encarnados oferecia sopa em garrafas plásticas cortadas a alguns infelizes que estavam na praça em frente.

Com eles, pude ver uma comitiva de desencarnados que me arrepiou. Eram entidades nobres.

Uma luz branca-azulada descia do alto e envolvia cada um deles, expandindo-se para além do grupo de encarnados.

Fiquei emocionado. Não sei explicar.

Chorei.

Continuei olhando e vi que cada encarnado era protegido por duas ou três entidades que os rodeavam e protegiam. Eles envolviam os assistidos com fluidos cristalinos que afastavam os espíritos infelizes que estavam ali.

Imediatamente lembrei-me do Posto de Socorro onde estive e de tudo o que encontrei lá.

Eu tinha entendido que foram meus desejos que me atraíram para lá, onde recebi cuidados que amenizaram minhas dores e me fizeram sentir melhor. Minha tia havia orado por mim, pelo meu socorro. Deduzi que quando fui para junto dela experimentei aquela sensação de paz que havia muito não sentia. Gostei. Quis mais. Por isso adormeci e fui socorrido.

Mas idiota que fui, não dei a mínima atenção a tudo por culpa de meu orgulho, da minha arrogância. Por culpa de não ter aprendido a valorizar as orientações recebidas. Eu não sabia dar importância aos bons conselhos. Sempre fui rebelde. Ensinado assim.

Comecei a pensar naquela Posto de Trabalho Espiritual e desejar ir para lá. Mas não tive sucesso.

O que teria acontecido?

Lembrei-me de Igor, de Erick. Tentei, pela força de pensamento, alcançá-los ou me atrair para junto deles.

Nada.

Eu estava sem forças. Fraco. Sofrido. Não conseguia nada.

O tempo foi passando. Às vezes, era vítima de grupos desordeiros que me castigavam como uma espécie de brincadeira que lhes dava prazer.

Recordei dos *bullings* que aplicava naqueles colegas que julgava inferior a mim. Um arrependimento me cravou no coração. Eu sofria, no momento, o que fiz os outros sofrerem.

Além das dores físicas, agora era a alma que doía. Lembrei-me de quando Erick me falou sobre o arrependimento, o autoperdão. E olha que o arrependimento nem tinha começado.

Entrava em pânico.

Um medo horripilante me abatia, deixava-me confuso, louco e, às vezes, eu gritava. Somente mais um grito que ninguém dava importância. Era comum ouvir os lamentos, os gemidos, as manifestações de desespero dos que viviam ali.

❦ Sempre necessitado dos efeitos de entorpecentes, agora bem fraco, era difícil lutar por um espaço ao lado de algum encarnado que estivesse fazendo uso de drogas. Outros, mais fortes do que eu, não me deixavam aproximar. Eles me batiam, humilhavam, arrastavam-me e faziam outras coisas mais. De repente, tomado de uma força que arranjava não sei de onde, eu lutava com outros para vampirizar algum viciado infeliz.

E foi assim por longo tempo.

❦ Certo dia decidi entrar em uma igreja.

Um pequeno grupo de encarnados e um padre se reuniam em uma sala nos fundos. Percebi que o número de desencarnados era incrivelmente maior. E eu era mais um.

Os encarnados que se voltavam em esforço para melhorar a atitude mental através da prece, ligavam-se a fluidos que desciam do Alto. Eu nunca tinha visto algo igual. Foi interessante. Descobri, depois, que eles eram candidatos à fé renovadora para se livrarem da vontade, do desejo das drogas.

Esses encarnados tinham, junto a si, entidades mais iluminadas que os amparavam e protegiam como se formassem, em torno deles, redomas de energias intocáveis para aqueles espíritos que os escravizavam.

À medida que os encarnados recebiam forças, através de suas próprias preces que os ligavam ao Alto, suas mentes se iluminavam.

Entendi que não basta a vontade de mudar, de vencer as drogas, é preciso algo mais. É preciso a ajuda de Deus, através da elevação dos pensamentos, e acreditar que estamos recebendo as energias que nos estão auxiliando.

Por isso digo que é necessário limpar o corpo, a mente e o espírito para se livrar definitivamente das drogas, do álcool e de outros vícios.

Novamente pensei no poder da prece.

Como seria rezar?

Palavras repetidas e sem sentimento verdadeiro não funcionavam. Eu já havia tentado.

Então, o que era a prece?

Procurei por um canto e comecei a pedir que alguém me orientasse. Desejava ver minhas forças renovadas para eu poder fazer algo por mim mesmo.

Entendi que a vida no corpo é para aprimorar, evoluir a alma, mas isso eu não tinha conseguido.

Agora, depois de tanto sofrimento, eu precisei me tornar humilde para reconhecer que é necessário se curvar ao aprendizado com respeito, educação, boa vontade, aceitando as orientações de melhoria para corrigir nossos erros.

Se eu tivesse sido educado com as pessoas, respeitado todos à minha volta, aprendido a não incomodar o próximo, não perturbar os outros, me colocado no lugar daquele que está aborrecido por algo que eu fiz e, depois, me corrigido... Se eu tivesse feito isso, teria aprendido a ser humilde. Teria vivido melhor, prestado atenção ao que os outros queriam me dizer... Minha vida teria sido outra.

Só depois que me prejudiquei, comecei a aprender.

Caí de joelhos. Em prantos, pedi para alguém me ajudar, para me socorrer. Estava cansado. Não aguentava mais.

Desejei sair daquela situação, daquele sofrimento, daquela condição tão horrível!

Simples e verdadeiro, fiquei ali, não sei por quanto tempo, daquele jeito, pedindo, rogando, suplicando amparo, socorro e orientação.

Uma sensação que eu desconhecia dominou meu ser. Um alívio inexplicável untou meus ferimentos e me fez procurar ver o que estava acontecendo.

Uma luminosidade intensa se fez, mas me provocou um torpor. Eu não podia encarar tamanha força em forma de luz.

No momento seguinte, pensei ver um vulto menos intenso que me aliviou a visão.

Jogando um manto branco, como um lençol, sobre meus ombros, reconheci-o quando ficou mais próximo. Era o Erick.

Chorei e me agarrei a ele.

O amoroso missionário me abraçou à maneira de amigo e pai e eu me entreguei aos seus braços. Não inibi o choro compulsivo que me dominou.

Ajoelhando-se junto a mim, passou a mão sobre minha cabeça e eu agradeci:

– Obrigado. Obrigado. Obrigado – tomei suas mãos e as beijei o quanto pude.

Erick sorriu generoso e segurou o meu rosto, erguendo-o.

Como pai que afaga um filho em aflição, ele tocou minha face e meu desespero diminuiu ao olhar seus olhos.

– Fique tranquilo agora. Pense que suas súplicas foram ouvidas. Agradeça a Deus pelo auxílio.

Ele, em movimento suave, inclinou minha face para recostar em seu ombro e senti um envolvimento sereno, tão tranquilo que foi impossível não me entregar àquela paz.

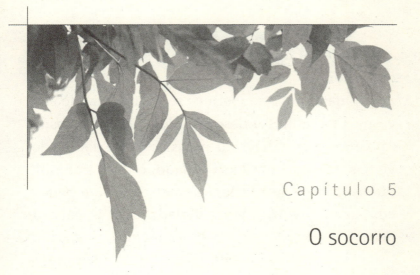

Capítulo 5

O socorro

Senti um aquecimento gostoso e um despertar tranquilo.

Não escutei mais aqueles gritos horríveis que provocavam um pavor medonho quando estava naqueles lugares sujos, horripilantes.

Agora, era um silêncio abençoado.

Uma vez, uma professora disse em sala de aula que o silêncio era uma prece.

Parecia uma mulher com uma religiosidade sábia e equilibrada. Acho que trouxe essa frase das instruções de seu culto. Mas eu, imbecil, ri e zombei dela.

Hoje sei da importância do silêncio, da tranquilidade.

Quando não soubermos rezar, ou quando estivermos tão aflitos e desesperados que nem mesmo saibamos o que dizer ou pedir ao Pai Criador, devemos procurar um local isolado, o mais tranquilo possível, respirar fundo, acalmar o corpo e pensar em paz, harmonia e tranquilidade. Depois, calar os pensamentos. Silencie o corpo, a mente e o espírito.

Fique assim por alguns minutos e lembre-se de que existe um poder supremo, Pai de tudo e de todos. Confie Nele e sinta que sua dificuldade já foi solucionada. Respire fundo, abra os olhos e não pense mais no assunto. Tenha certeza de que o Pai Criador está cuidando de tudo para você.

Essa foi a melhor prece que aprendi e tenho me valido dela.

Agora sei que o silêncio é, de verdade, uma prece. Os pensamentos agitados, ansiosos, acelerados provocam em nós vibrações de desequilíbrio. Seja qual for o problema que tivermos, ele se resolverá de forma melhor e mais adequada se estivermos calmos e tranquilos. É nesse estado que poderemos ser inspirados por espíritos superiores, que estão em paz e confiantes. Do contrário, se estivermos agitados, somente espíritos nesse nível estarão nos influenciando, inspirando. Se um espírito for agitado, ele não tem boa elevação. Pense nisso e experimente fazer esse relaxamento da próxima vez em que estiver preocupado ou ansioso.

E foi na tranquilidade daquele recinto que, mais uma vez, eu me senti emocionado, principalmente quando vi Igor sorrindo perto de mim.

Procurei por suas mãos, que vieram ao encontro das minhas, e as apertei, dizendo:

– Obrigado.

– Agradeça a Deus – respondeu o amigo.

Acomodei-me um pouco naquele leito e me sentei melhor para ficar mais atento e desperto.

Assim que pude, perguntei:

– Onde estou?

– No mesmo Posto de Trabalho Espiritual que esteve antes.

– É que parece um lugar diferente.

– É outro recinto. Creio que não tinha vindo aqui antes.

– Onde está o Erick?

– Nosso instrutor se retirou para atuar em outro trabalho, longe daqui.

Observei minha aparência. Estava mais limpo, mais recomposto, porém não totalmente.

Um grande medo ainda vibrava em mim. Não queria, mas temia me atrair novamente para aquelas condições tão difíceis que conheci.

Estava cansado daquilo tudo. Como viciado espiritual que era, conhecia as necessidades psíquicas que as drogas ou a ausência delas provocam.

Temeroso, indaguei:

— Igor, por que ainda sinto a necessidade dos efeitos das drogas?

— Os encarnados têm o conhecimento dos danos físicos e mentais proporcionados pelo uso de entorpecentes, porém poucos conhecem ou sabem que esses danos e a mesma dependência acontecem também no corpo espiritual. Seu corpo físico se transformou após a morte, mas seu corpo espiritual, você espírito, você energia, você, psicologicamente falando, continua o mesmo. Tudo o que uma pessoa faz, que a desequilibra ou a faz crescer, ela leva consigo para o plano espiritual. É importante que busque harmonia e equilíbrio na espiritualidade antes de novo retorno ao plano físico, ou seja, antes de outro reencarne, a fim de minimizar as novas provas em futura experiência.

— E o que é preciso fazer para me livrar disso? — indaguei quase desesperado.

— É importantíssimo o tratamento para se livrar do uso das drogas, quando encarnado, a fim de o espírito seguir com equilíbrio após o desencarne e começar a harmonizar, pelo menos em seu corpo, o que desarmonizou. Para isso, é preciso força de vontade, bom ânimo, muita luta e empenho para se ver limpo novamente. E o termo limpo é bem correto, uma vez que não é só o corpo físico que precisa de uma desintoxicação, mas também a mente e o espírito. Quando isso não é possível encarnado, existem, no plano espiritual, tratamentos semelhantes aos do plano físico para aqueles espíritos que, da mesma forma, desejam se livrar do vício e se empenham, lutam com muita força de vontade para, aqui, no plano dos espíritos, livrarem-se das dependências químicas, conservadas através da vampirização dos encarnados.

– Ainda não entendi – confessei humilde. – O que preciso fazer para me livrar dessa dependência aqui no mundo dos espíritos?

– Entregar-se ao tratamento tal qual como se estivesse encarnado. Só que vai precisar de muito mais empenho.

– Como assim?

– De uma clínica de recuperação, no plano físico, por exemplo, você só foge depois de driblar todo o mundo. Foge pulando um muro ou coisa assim, ou seja, você encontra obstáculos para vencer. Mas, aqui, no mundo dos espíritos, os lugares que se dedicam a tratar irmãos dependentes de drogas como você... Bem... desses lugares você pode fugir com a força do pensamento, com os desejos íntimos.

Então vai precisar de muita força de vontade, de muito empenho. É isso o que precisa aprender: ser perseverante.

Acho que aquela resposta me deixou preocupado. Eu me sentia um fracassado por ter me entregado ao vício. Será que, mesmo assim, eu iria conseguir me livrar dele aqui na espiritualidade?

Igor pareceu ler meus pensamentos ao dizer:

– Nunca vai saber se será capaz se não tentar.

No tempo que se seguiu, conheci um outro amigo naquele Posto. Seu nome era Jonas. Ele foi recolhido no mesmo local que eu, no mesmo dia, pela mesma equipe de socorristas.

– Não me lembro de tê-lo visto lá naquela igreja – comentei.

– Também não me lembro de você – disse ele. – Eu estava acompanhando uma encarnada que estava ali para se limpar pelo uso de drogas. Ela foi conduzida pela mãe, uma mulher religiosa que se empenhava para ajudar a filha. Sabe, eu sofria tanto e há tanto tempo que desejava me ver livre daqueles sentimentos e sensações. Eu queria que a Jane, a jovem que eu vampirizava, ficasse livre do uso das drogas, pois acreditei que, se ela conseguisse, eu também ficaria limpo. Ela passou a frequentar aquelas sessões lá na igreja. Normalmente, as reuniões eram dirigidas por psicólogos, mas, naquele dia, o padre apareceu e fez toda aquela prece, emocionando os encarnados e a maioria de nós, espíritos que ali estavam, cansados, desejando que tudo fosse diferente. Alguns desencarnados que acompanhavam o que acontecia, zombavam e ainda tentavam convencer os dependentes químicos a saírem dali. Mas quando, no auge daquela prece, aquela luz intensa varou da abóbada para baixo, os espíritos mal intencionados sumiram, correram. E apareceu aquela criatura linda... Pura luz... – emocionou-se.

– O Erick? – perguntei.

– Não. Ela – tornou Jonas ainda sensibilizado.

– Nossa benfeitora – disse Igor, que se aproximou e parou para ouvir o que falávamos.

– Você não a viu? – Jonas perguntou.

– Vi o Erick e outros, mas... O que me descreve, não me lembro. Fiquei tão emocionado, tão envolvido quando vi o instrutor que... A verdade é que me sentia desesperado para me ver livre daquilo tudo. Vi uma luz intensa e depois prendi minha atenção no socorro.

– Não são todos que a veem – tornou Igor, que sorriu com generosidade e propôs: – Desculpe-me interrompê-los, mas preciso que venham comigo. Vamos receber o instrutor Álvaro, que veio de longe para falar com vocês.

Seguimos Igor.

◥ Entramos em um recinto de aspecto simples. Lembrava uma sala de aula. Nós nos acomodamos em lugares perto do centro. Igor também se sentou, assim como os outros tarefeiros que trabalhavam ali.

– É sempre bom renovar os conhecimentos. Não podemos acreditar que sabemos tudo e estamos preparados para tudo – justificou Igor sem que perguntássemos, talvez por sentir nossa curiosidade sobre sua atitude e dos demais.

A maioria era como eu e Jonas, socorridos que buscavam ajuda.

Não havia murmurinho nem conversação entre os tarefeiros que, sentados, cerraram os olhos ao mesmo tempo em que pareciam concentrados no que, depois, vim a saber que eram preces.

Entre nós, recém-chegados, havia inúmeras indagações e curiosidades. Um murmurava algo com o outro, mas depois nos calávamos.

A demora não foi tanta.

Uma mulher, de vestes comuns, entrou na sala e, com bastante respeito e jeito carinhoso, pediu o máximo de silêncio possível para recebermos o companheiro Álvaro, que o instrutor Erick havia de trazer.

Um som genuíno, em forma de melodia, mexia comigo profundamente e podia ser ouvido em baixo volume por todos nós.

Essa música renovava nossas energias.

Observei que alguns choravam, escondendo a face.

Nesse momento, Erick entrou a passos lentos naquela sala, com largo e luminoso sorriso ao encarar todos nós.

Trazia a mão direita sobre as costas daquele que parecia ser um grande amigo.

– Boa tarde a todos – cumprimentou o instrutor que logo continuou: – Estamos aqui em nome do Mestre Jesus que, com seu coração misericordioso, veio a este mundo em socorro às nossas necessidades. Seu exemplo nos trouxe esperança e esclarecimento. As oportunidades de serviço, no mundo de hoje, abre-nos as portas para aspirações e trabalho de renovação para a nossa evolução e auxílio de nossos irmãos carentes de estímulos para transpor obstáculos difíceis do vício e da falta de fé. – Fez breve pausa, momento em que contemplou a todos, e prosseguiu no mesmo tom fraternal e generoso: – Nossa tarefa é semear o bem do conhecimento. A tarefa de vocês é cuidar de cada semente e acender a luz interior. Somente assim acabaremos com o pranto do sofrimento, com as dores no âmago do ser e poderemos proclamar a bênção da libertação.

O Pai Celeste – continuou depois de novo intervalo – entende nossas dúvidas, vacilações e fragilidades, mas é Ele e somente Ele que vai nos derramar bênçãos em forma de força, quando pedirmos, para acertarmos e seguirmos as lições renovadoras que, a partir de agora, vamos receber.

Por isso é tão importante a fé e a esperança no Altíssimo, diante de cada pensamento duvidoso ou perturbado, pois somente Ele pode e vai fortalecer nossos corações nessa jornada de libertação até a vitória final – disse Erick, olhando cada um no fundo da alma.

– Isso é possível mesmo? Estou cansada de sofrer – murmurou uma jovem ali presente, na condição de socorrida.

Erick pareceu iluminar-se mais ao responder com total convicção:

– É possível! E vai acontecer, desde que se empenhem nas novas lições, concentrando o pensamento e todas as forças da alma nos ensinamentos redentores que estão prestes a receber. – Nova pausa. Penetrando no âmago de cada um com seu olhar, instruiu: – Arranquem do coração as raízes do mal, que são o desânimo, a falta de fé e a lembrança dos erros. Lembrem-se de que esses três males, vindos de vocês mesmos, são as únicas coisas capazes de detê-los. O Pai Celeste, o quanto Lhe pedirem, vai dissipar as sombras dos desejos inferiores que obscurecem a visão do Plano Divino. O Altíssimo lhes dará amparo e equilíbrio para que todos rompam, definitivamente, os laços que os prendem aos vícios, deixando-os construir um futuro renovador no caminho ilimitado do amor, da paz interior, integrado ao trabalho de Seus sublimes desígnios.

Sejam aprendizes fiéis e recorram àqueles que estão dispostos a ajudá-los nesta nova jornada quando surgir o menor abalo. Não deixem que o orgulho coloque a perder o ânimo e a fé que já desenvolveram.

Agora é vida nova!

É momento de empenho na renovação do ser.

E, para auxiliá-los e conduzi-los, apresento o querido amigo secular Álvaro, que terá a tarefa de orientá-los, a partir de agora – desfechou Erick, olhando e espalmando levemente as costas do companheiro ao seu lado.

Álvaro sorriu e deu um passo a frente. Tinha a aparência de um homem de meia-idade, devido aos cabelos grisalhos. Olhar sereno, que transmitia confiança e paciência.

Sabe, por um instante pensei que fosse ouvir preces, orações, rogativas intermináveis e aquelas coisas todas, mas não. Ali o negócio era outro. O trabalho deles era de nos conscientizar de verdade. Embora falassem em nome de Deus e de Jesus, eles eram bem diretos. Havia os que oravam sim, mas em silêncio.

Só depois entendi isso. É que nós, assistidos, para não dizer um bando de espíritos pobres e coitados, havíamos perdido a ideia de tempo pelos sofrimentos físicos e morais. Criaturas padecidas de toda espécie de dor, que por uma misericórdia, que ainda não podíamos entender, estávamos sendo socorridos... Bem, nós ainda não tínhamos o menor equilíbrio e esforço para entender a dilatação abençoada da prece.

Na maioria, éramos jovens confusos, desencarnados precocemente e que, quando em vida corpórea, provavelmente, caçoávamos dos religiosos que desejavam nos converter à moralidade, que zombávamos por não entender o valor.

A metodologia usada por aqueles socorristas missionários, era a maneira que poderíamos compreender melhor. Rápida e prática. Mesmo assim, suas palavras não deixavam de ser preces.

Álvaro passou o olhar em cada um de nós.

Por um instante eu me senti envergonhado. Estava com uma aparência tão feia... Queria que fosse diferente.

Passos compassados, bem lentos, para um lado, depois para o outro e Álvaro nos cumprimentou:

– Boa tarde a todos. – Alguns responderam. – O nosso amigo e instrutor Erick já me roubou as palavras – olhou para o outro, que sorriu e correspondeu. Voltando para nós, continuou: – Mas acho que ainda resta algo para eu dizer. O mais importante, agora, é todos entenderem que o único caminho do Ser é a evolução. Quando violamos as Leis da Vida, seja por ignorância ou por insistência em um mau hábito, criamos desequilíbrios, desajustes e proporcionamos um retardamento em nossa evolução. Esse desequilíbrio provoca uma parada em nosso progresso, no movimento harmonioso rumo ao Pai. Aquele que não vive integralmente em equilíbrio, em todos os planos da Criação, sofre e, na maioria das vezes, faz sofrer. Infelizmente, é o sofrimento que nos leva a buscar Deus para que nos fortaleça e nos conceda a paz. Porém, meus queridos, a paz não pode ser alcançada somente com o desejo, com o pedido. A paz, o alívio para as aflições é obtido, tão somente, através de empenho, mudança e trabalho. Precisamos nos trabalhar, mudar e nos empenhar para corrigirmos e harmonizarmos as violações das Leis da Vida que cometemos. A força, para isso, nós buscamos e recebemos do Criador, mas o principal, é a iniciativa e o empenho, que são nossos.

Estamos aqui para auxiliá-los. Uma vez que a energia do próprio globo nem sempre é favorável para o que precisam, todos nós nos encaminharemos para esferas espirituais vizinhas ao planeta. É longe das energias pesarosas, mas perto o suficiente dos pensamentos que podem atraí-los de volta às mesmas dores, às mesmas aflições, às mesmas estagnações que não os deixarão evoluir nem ter paz. Sei que isso vocês já conhecem.

A escolha é de cada um para aceitar a proposta.

– Mas ficaremos longe de nossas famílias – alguém reclamou.

– Lamento informá-lo, querido, mas há muito vocês estão longe de suas famílias. É preciso ânimo no empenho de libertação para se unir mais harmoniosamente à família do Pai, que é a verdadeira e para onde todos nós iremos, inclusive os que deixamos encarnados.

Silêncio.

– A primeira coisa a fazer, no momento, é agradecer ao Altíssimo pela oportunidade abençoada de estarem aqui, neste Posto de Socorro, mais aliviados das dores e dos pesares conscienciais que os atraíram para um nível de incrível inferioridade junto aos encarnados. O sentimento de gratidão é o primeiro sinal de humildade que podemos ter. A humildade, por sua vez, exibe o aprendizado de amor e cultivo de respeito. Traz paz.

Álvaro falava de uma forma serena e afetuosa, firme e compreensiva.

– Alguém tem alguma pergunta ou comentário a fazer? – indagou ele.

Alguns se entreolharam, mas ninguém ousou dizer nada. Eles foram bem claros e objetivos. Além do que, todos nós, socorridos ali, não tínhamos muito o que dizer.

Nossos erros, nossas violações das Leis da Vida foram tão grandes que qualquer alívio nos servia.

O que não poderíamos era ficarmos ali, e já sabíamos disso de antemão.

Aquele era o princípio do socorro. Dali nós iríamos para o que mais precisávamos: um tratamento.

Aquele grupo, embora sofrido, estava em estado considerável. Pelo menos, muitos de nós tínhamos consciência do que acontecia. Havia outros que não tinham sequer a capacidade de organizar pensamentos e ideias, pois a destruição dessa capacidade, feita pelas drogas, também continuava vigorando no plano espiritual.

– Já que ninguém tem nada a dizer... Volto a palavra ao nosso amigo Erick.

– Obrigado, Álvaro. Apesar de não terem se manifestado, podem fazê-lo quando acharem conveniente – sorriu. Seu sorriso parecia sempre iluminar o ambiente e alegrar nosso coração, de alguma forma.

Então eu sorri. Foi uma experiência única. Meu ser se alegrou e me senti melhor. Não imaginava que o sorriso provocasse aquele bem-estar. Parecia que eu tinha ficado mais claro, mais limpo, talvez. Não sei explicar.

O instrutor, sábio e carinhoso, mas com atitude de serenidade, disse:

– Sintam-se dispostos a aprender com humildade e carinho o que lhes for ensinado. Cooperem, de maneira singela e grata quando for solicitado. Socorram-se no Altíssimo e fiquem abertos às orientações. Confiem no bem, na vitória, na libertação, pois o amor do Pai Celeste sempre socorre e ampara aquele que O busca. – Fez longa pausa, olhou-nos bem diretamente e ainda falou: – Aqui nos despedimos – todos o olharam. Parecia que, apesar daquele pouco tempo juntos, ele havia angariado para si respeito e amor. Desejávamos que fosse conosco. Um leve sorriso e respondeu ao pensamento coletivo que lamentava o adeus: – Vamos nos encontrar futuramente, com certeza, e espero vê-los melhores do que hoje. Rogo a Deus que os envolva em bênçãos de paz e bom ânimo.

Ao dizer essas últimas palavras, os tarefeiros que se encontravam sentados, levantaram-se e ficaram em pé, perto da porta, como em fila, mas voltados para nós.

– Agora podemos ir – tornou Álvaro, que se virou para o amigo e o abraçou com força. Depois o beijou no rosto.

Sorriram. Não trocaram mais palavras.

Nós nos levantamos e, sem que ninguém dissesse nada, fomos em direção de Erick, que sorria. Um a um o abraçou. E a cada assistido, ele abraçou e ofereceu breve frase de incentivo.

Na minha vez, agarrei-o além do abraço por mais tempo e chorei.

Não sei explicar a razão.

Ele me acariciou as costas e beijou meu rosto, dizendo:

– Fique em paz.

Capítulo 6

Novo mundo

É difícil, aqui no plano espiritual, transmitir descrições e valores das experiências novas, pois, até mesmo nós, somos surpreendidos com muitas novidades.

Sabe, quando encarnado, eu era muito incrédulo, para não dizer totalmente incrédulo. Achava graça, tirava sarro quando alguém falava em vida após a morte, plano espiritual, contudo, não conseguia provar o contrário, assim como muita gente. Em outras palavras, eu tirava as esperanças dos outros e não oferecia nada em troca.

Hoje vejo como Deus é bom e me lembro daquelas palavras do Mestre Jesus quando disse: "nós, que somos maus, não ofereceríamos uma pedra ao filho que pede pão nem ofereceríamos uma cobra ao filho que pede peixe, que dirá o Pai que está no Céu."

Pois bem, gente, o Altíssimo não abandona nunca aquele que O procura.

Erramos muito sim, e isso é um fato. Mas não estamos abandonados no sofrimento. O Criador não nos esquece.

Aqui, na espiritualidade, existem os Seus missionários, que afirmam não serem anjos, mas executam tarefas como tais, porque têm amor e aprenderam a misericórdia para oferecer a outros aquilo que gostariam que lhes fosse oferecido. Que bênção é tê-los!

༄ Percorremos diversas etapas até chegarmos diante de uma neblina espessa que se dissipava conforme caminhávamos.

Uma claridade abençoada parecia refletir de tudo e nos envolvia.

Entramos.

Olhei em volta e fiquei maravilhado. Edifícios, belas construções, que eu não sabia identificar, além de jardins floridos e praças agradáveis. Fomos encaminhados a um edifício semelhante a um hospital, muito grande e bonito. Tudo, tudo muito bem planejado e organizado. Dos corredores laterais internos, dava para observar o céu e uma praça com árvores, flores e bancos.

– Como eu poderia imaginar que, no mundo dos espíritos, existiam coisas assim? – comentou o amigo Jonas parecendo encantado ao meu lado.

Álvaro, que nos conduzia, sorriu e explicou:

– Vocês vão descobrir que aqui, no plano espiritual, tudo é mais perfeito do que no plano físico. Para aqueles que souberem aproveitar é lugar de grande refazimento.

Após outros comentários, fomos distribuídos em setores e, depois, em dormitórios, ficando três de nós em cada um.

As moças foram levadas para a ala feminina daquele pavilhão.

Os auxiliares de Álvaro, que ajudavam a nos conduzir, logo se distribuíram no edifício, ao lado de grupos que se formavam nos aposentos.

Eu, Jonas e Edmundo ficamos parceiros em um dormitório. Estávamos observando as novas dependências quando um rapaz de pouca estatura, vestes alvas, semelhantes às dos outros trabalhadores, entrou no quarto e se apresentou:

– Boa tarde a todos. Sejam bem-vindos. O meu nome é Dárcio. Sou responsável por alguns cuidados neste setor. Tudo o que precisarem, qualquer informação ou dúvida, podem me procurar para orientá-los – falou educado e sorriu generoso, como todos os trabalhadores dali. – Em poucos instantes, vamos até o auditório para que iniciem os propósitos desta instituição. Agora, se me derem licença... Preciso avisar os demais.

Dárcio sorriu levemente e se foi ao perceber que correspondemos, com um sorriso, sem termos nada a dizer.

– Será que aqui é algum tipo de reformatório? – Edmundo perguntou.

– De certa forma, deve ser. Precisamos nos reformar para mudar nossa condição atual – respondeu Jonas, acomodando-se em uma cama.

Tudo era muito limpo e obedecia a uma equilibrada organização.

ॐ Mais tarde, todos que chegamos ali, reunimo-nos no auditório conforme solicitado.

Tarefeiros, reconhecidos por usarem as mesmas vestimentas, ocupavam as laterais e os corredores.

Em sua maioria, apresentavam aparência jovem. Tinham um semblante sereno e generoso.

Não demorou e Álvaro ocupou a frente e se expressou:

– É um grande prazer tê-los aqui. Estou muito grato ao Pai Celeste pelo recolhimento deste grupo. Saibam que esse foi um dos maiores. Aqui encontram-se aqueles que, por não quererem ou não suportarem mais os sofrimentos após a morte do corpo físico, rogaram ajuda e se colocaram em condição apropriada de socorro. Todos aqui, sem exceção, quando encarnados, não respeitaram as Leis da Vida e danificaram o corpo, a mente e, consequentemente, o espírito com o uso de drogas para o falso prazer momentâneo. Por essa razão, fica fácil explicar que, para se renovarem e se elevarem novamente, será necessário se livrarem, espiritualmente, das dependências químicas com que se escravizaram.

Olhando-nos nos olhos, prosseguiu:

– Muitos dos vícios ou dos maus hábitos que adquirimos em vida corpórea não conseguimos nos livrar tão facilmente e sozinhos, após o desencarne. Por acréscimo de misericórdia, para aqueles que desejam se libertar das amarras, que retardam a evolução, foi criado este lugar. Mentes Superiores o criaram no plano espiritual com a intenção de aqui ser um manancial de forças positivas para os que buscam a renovação. Por essa razão, esta Colônia se denomina Novo Mundo.

Ao ouvir aquele nome, algo mexeu comigo. Senti uma vontade muito grande de ser diferente, novo.

Álvaro continuou:

– Este patrimônio espiritual é precioso e, em pouco tempo, vocês vão sentir isso. Aqui não lhes será cobrado nada, porém verificarão o hábito do respeito e da educação. O melhor pagamento que os gratos poderão oferecer ao Pai Celeste é em forma de perseverança e libertação futura da escravidão cruel no vício.

Fez-se uma pausa. Total silêncio. Todos estávamos atentos.

– Nenhum de vocês é privilegiado – tornou Álvaro. – Todos os que estão aqui têm o merecimento, pelo desejo sincero e pela misericórdia Divina. Os cento e quinze assistidos farão parte da família da Colônia Novo Mundo. Serão divididos em grupos menores e receberão orientação e tratamento adequados. Quando for necessário, orientação e tratamento individual também será proporcionado. Vocês nunca estarão sozinhos. Sempre haverá algum tarefeiro preparado para instruir, amparar e acompanhar. Sabemos o quanto é importante ter alguém ao lado quando nos propomos a um tratamento de reabilitação como o que começam a fazer.

Creio que é chegada a hora de crescer, principalmente, para os que estão cansados da dor, da angústia e do desespero. Agora é o momento. – Fez uma pausa e contemplou todos com um olhar sereno. – Não importa a forma como cada um de vocês pense ou imagine o Criador de todas as coisas. Não importa com qual nome O referencie: Deus, Poder

Universal, Força Cósmica, Alá ou outro. O nome não importa. Sei que cada um de vocês acredita em um Deus, em um Criador, ou não estariam aqui. Então... Neste momento, vamos todos pensar no Deus de nossa crença, que vive e pulsa em nosso coração, amando, protegendo e mantendo a todos.

Em pé, à frente, Álvaro uniu as mãos e fechou os olhos e, sem que ele nos pedisse, fizemos o mesmo. Ele prosseguiu:

– Agradecemos, ó Pai, pela oportunidade abençoada de estarmos aqui e nos trabalharmos. Rogamos, Senhor, a bênção do bom ânimo, o esquecimento das ofensas, a perseverança no bem, o aprendizado de libertação. Recolha nossos desejos amorosos no sacrifício da evolução para superarmos as sombras espessas e os medos que podem nos destruir. Una-se conosco, Pai, a fim de nos sentirmos fortalecidos, protegidos e amparados em nosso novo rumo de libertação. Derrame sobre nós, como uma chuva de prata, Suas mais elevadas bênçãos de amor e paz. Receba nosso afeto e devoção em nossas atitudes, palavras e ações para com nosso próximo. Assim seja. Graças a Deus.

Nós o acompanhamos, em cada palavra, em pensamento.

Silêncio.

Eu não havia entendido que era uma prece até terminar. Mesmo assim, senti-me tocado e reconfortado.

Álvaro desfechou:

– Não há necessidade de ficarmos mais tempo aqui. Agora haverá uma chamada para dividi-los em pequenos grupos, como já lhes expliquei. Estarei sempre presente, embora terão outros instrutores e orientadores à disposição de vocês. Quando quiserem podem me procurar. Sintam-se em paz com a sublime luz que o Mestre Jesus envolve a todos.

༄ A partir de então, notei que sempre nos mantinham atentos e ocupados com assuntos interessantes e úteis. Não nos deixavam distrair. Aprendíamos ou desenvolvíamos atividades como música ou artes variadas. Disso eu gostava. Só que era música de verdade. Coisa boa e elevada. Não aquelas coisas pejorativas e destrutivas que ouvia quando encarnado. Nossa! Que diferença!

Depois entendi que isso era necessário para não voltarmos nossos pensamentos aos vícios da carne. O mesmo vício que impregnou a alma, asfixiando a mente, que agora precisava lutar contra os sintomas causados pela abstinência, vamos dizer assim.

༄ Meu grupo foi formado por mim, Jonas, Edmundo, José, Matias e Tadeu. Os três últimos dividiam aposentos ao lado do nosso.

Percebi que as mulheres formaram grupos que não se misturavam com os dos homens. Achei isso interessante.

Élcio era o nome do orientador designado para ficar conosco. Sua aparência era jovial. Eu diria uns vinte e sete anos... Acho... Soubemos que era tarefeiro ali havia muitos anos. Ele se mostrava sempre atento e gentil às nossas questões.

A partir de então, andávamos sempre juntos, recebendo instruções ou tratamentos específicos para os danos que possuíamos no corpo espiritual.

Vim a saber que ali, na Colônia Novo Mundo, havia assistência para espíritos em condições bem piores do que as nossas, mas não entramos em contato com eles nessa primeira fase. Alguns ficavam isolados e não podiam ter contato conosco.

A grande maioria enfrentava os difíceis reajustamentos e equilíbrio por ter se envolvido com uso de entorpecente, quando encarnado. Foram filhos de pais extremamente permissivos, que os deixavam fazer tudo desde pequenos. Assim como meus pais. Ou, então, pais negligentes, que não se preocupavam em saber o que faziam, com o que ou com quem se envolviam.

É importante ser amigo dos filhos e simpáticos com eles, mas, acima de tudo, é necessário saber orientar e ser pai, dando exemplo e explicações, orientações e amor. Foi para isso que o Pai Criador nos confiou aos seus cuidados.

◈ Algum tempo e passei a experimentar os efeitos da abstinência, como se estivesse encarnado. Era algo terrível. Foram as piores sensações que pude experimentar, porque elas são bem mais intensas do que quando estamos no corpo físico.

Um desespero tomava conta de mim. Um medo que se transformava em pânico e, muitas vezes, eu precisava me recolher. Não tinha condições de acompanhar meu grupo.

Quando isso ocorria, outro orientador permanecia comigo o tempo todo. Nunca ficava sozinho. E eu sabia que precisava resistir ou retornaria, por força do pensamento, para perto de encarnados com práticas que me saciassem os efeitos da abstinência.

A prece constante era a fonte de recursos que me socorria.

Osvaldo, o orientador que sempre me acompanhava nos momentos de isolamento, tornou-se um amigo importante. Conversava comigo e iniciava as preces redentoras que aliviavam minhas dificuldades.

Nos momentos em que eu achava que não iria resistir, suas palavras me fortaleciam e me davam ânimo novamente.

– Só por hoje! Continue perseverante. Só por mais hoje! O Pai Criador o ampara e o alivia. Acredite. Isso vai passar. Se resistir, isso vai passar.

– Mas... E amanhã?! – às vezes, eu perguntava em desespero.

– Amanhã será outro dia. Novas forças nascerão em sua alma. Estará mais resistente, mais forte e equilibrado – afirmava Osvaldo com convicção e muita fé.

– Às vezes acho que não vou resistir...

– Muitos já conseguiram e isso mostra que é possível vencer o mal que criamos para nós mesmos.

– Você sabe o que eu sinto? Sabe o que é lutar contra esse desespero terrível da abstinência?! – perguntei quase em desespero.

Osvaldo me encarou firme. Invadiu meu ser com um olhar que me paralisou e respondeu:

– Sim. Eu sei. Sei exatamente o que sente, pensa e deseja. Vim para esta abençoada Colônia de refazimento igual a você. Em certos momentos, também achei que não fosse conseguir, mas fui vitorioso. Foi na Fonte Divina da Criação que encontrei forças para resistir e não retornar à crosta terrestre para viver como fracassado, absorvendo os efeitos devastadores que o uso de entorpecentes provocam nos encarnados. Eu sei da sua luta. Sei que pode e vai conseguir vencer, renovar-se e ser vitorioso.

As palavras de Osvaldo me ofereciam sustentação e coragem naqueles primeiros dias, semanas e meses...

Houve um período em que precisei me isolar por mais tempo. Quando digo que fiquei isolado, refiro-me a ficar longe de outros assistidos e necessitados como eu.

Em nenhum momento fiquei sozinho de verdade. Para começar, quando me via em desespero, eu orava e logo sentia uma energia me fortalecendo. Sabia, então, que, de alguma forma, aquele magnetismo vinha do Altíssimo e eu não estava sozinho. As preces de Osvaldo, que sempre estava comigo, emanavam-me forças redentoras quando somadas às minhas, e fui vencendo dia a dia, semana após semana, mês após mês.

Certo dia, eu não estava muito bem e, para minha surpresa, recebi uma visita que me renovou imensamente.

Senti como se uma energia nova e revigorante invadisse o meu ser ao ver Erick com o instrutor Álvaro, que me procurava.

Fui em sua direção e vi seu sorriso largo e sua luz superior.

Abracei-o com felicidade genuína. Após os cumprimentos, o instrutor Álvaro e o orientador Osvaldo nos deixaram.

Erick, como amigo fiel, sobrepôs a mão em meu ombro. Nós nos viramos e caminhamos do saguão para a saída.

Enquanto a luz límpida do sol nos banhava, descemos as escadas que saíam do pavilhão, chegamos à calçada e depois à rua.

Caminhávamos, quando Erick perguntou:

– Como se sente, João Pedro?

– Estou resistindo... Creio que por conta das preces. É difícil. Às vezes, um desespero me invade. Sinto dores, tremores... Como sintomas físicos. Mas... aí lembro que já foi pior e que agora está mais leve e que amanhã será mais leve. Entende?

– Entendo sim. Porém, vejo-o bem melhor. Mais refeito! Olhe para você. Muito diferente do que quando veio para cá. Não poderia viver aqui, neste ambiente luminoso, naquelas condições. Quando sua mente, seus pensamentos melhoram, seu corpo se ilumina.

Parecia que eu não tinha prestado atenção às palavras do instrutor amigo e continuei reclamando, lamentando, choramingando.

Após me ouvir atentamente durante a caminhada, Erick parou.

Estávamos sob uma árvore frondosa, cuja copa filtrava lindamente alguns dos raios do sol. Ele fez um sinal para que eu me sentasse em um banco que havia e logo acomodou-se ao meu lado.

Calmo, com semblante sereno, comentou:

– As queixas, as reclamações nublam nossa visão e não nos deixam ver as coisas boas à nossa volta. Mostram que nossa mente é mais doente do que o corpo. O vício da lamentação é algo difícil de ser tratado, seja no plano físico ou espiritual. Por isso, o conselho que posso lhe dar é este: pare de se lamentar. Pare de sentir pena de si mesmo. Pare de desejar que os outros sintam piedade de você. Isso nunca ajudou ninguém a superar qualquer dificuldade nem nunca ajudará. Se temos desequilíbrios que nos proporcionam dores, estes foram causados por nós mesmos. Somos os únicos culpados por nossas dores. Se ainda estamos presos às desarmonias, às dores e aos sofrimentos, os únicos capazes de tirar essas algemas que impedem a liberdade e a evolução pessoal, somos nós mesmos. É indispensável criar pensamentos e desejos construtivos, de equilíbrio, educando a boca a falar melhor sobre o que é produtivo e edificante – disse isso com olhar perdido. Depois, encarou-me invadindo minha alma e observou: – Veja, não foi o seu padecimento, mas sim a sua luta, o seu ânimo para transpor os obstáculos que acreditou impossíveis que o fizeram chegar até aqui em condições psíquicas bem melhores. Enquanto alguns fracassaram, você foi vitorioso. Se ainda tem dores ou padecimentos pelo que fez a si mesmo, proponha-se a trabalhos mais ásperos, empenhe-se em auxiliar outros menos evoluídos do que você. O programa de recuperação para aqueles em suas condições, aqui no plano espiritual, não é muito diferente do que existe no plano físico. Trabalho é a palavra ideal para alguém no seu estado. Quando estamos cuidando, atuando, realizando e sendo úteis não temos tempo para pensarmos nas nossas necessidades e elas passam sem notarmos.

– Mas não tenho condições de cuidar nem de mim! Que dirá dos outros!

Erick sorriu e fez longa pausa antes de me perguntar, talvez a indagação mais curta que já me fizeram:

– Tentou?

Não pude encará-lo. Senti vergonha. E olha que aqui, no mundo espiritual, a vergonha é imensa! Não dá para disfarçar.

A verdade é que eu nunca tinha tentado fazer algo positivo para ajudar alguém. Nem quando estava vivo, muito menos agora que estava desencarnado no plano espiritual. Vocês me entendem? Eu estava morto de fato por nunca ter atuado no bem, por nunca ter feito nada pelos outros. Só sabia ficar ali, parado, com pena de mim mesmo, desejando algo melhor, sem nada ter feito para merecer o melhor.

Novamente, Erick me fez encará-lo ao orientar:

– João Pedro, é comum muitos de nós, encarnados ou desencarnados, ficarmos desejando paz, tranquilidade, equilíbrio e evolução sem realizar nada de edificante para isso. Coloque-se à disposição de uma tarefa digna e será inspirado por mentes que atuam nas esferas mais altas. Fique sem ocupação ou com ocupações inferiores e estará à disposição da sorte ingrata das mentes que atuam nas esferas mais baixas. Saiba que seus pensamentos são como antenas capazes de captar e retransmitir tudo o que sintonizar. Sintonize vitória e já será um vitorioso. Sintonize saúde e já será saudável. Sintonize amor e estará amando e sendo amado. Lembre-se de que, tratando-se de pensamento, o contrário também é possível e acontece. Não o teste.

— Eu entendo quanto ao pensamento, mas... Será que estou preparado para atuar, para me empenhar em alguma coisa para ajudar os outros?

— Nunca se está preparado até começar a fazer. Se alguém fica esperando estar preparado para ler um livro grande, essa pessoa nunca lerá um livro grande se não iniciar e insistir. — Breve pausa, que serviu para minha reflexão, e ele continuou: — Como se mede a capacidade de alguém se não se colocar em prática, em prova? Pegue um livro grande e inicie a leitura. Se não for bom, mesmo assim, não desista. Procure outro. Até encontrar algo que lhe seja simpático. Assim são as tarefas que devemos nos empenhar para a evolução pessoal. Trabalho útil deixa a mente produtiva, longe das necessidades pessoais.

Erick se calou.

Fiquei pensativo e senti crescendo em mim uma vontade imensa de atuar, de fazer alguma coisa. Olhei para o instrutor amigo e sorri.

– Obrigado – agradeci sincero. – Às vezes eu me sinto tão pequeno, tão inferior e incapaz...

– Quando se vai fazer uma jornada, uma caminhada, a parte mais difícil é dar os primeiros passos. Faça algo por você mesmo, atuando positivamente. Não espere elogios ou agradecimentos. Sinta-se útil e esses sentimentos pequenos de inferioridade vão desaparecer.

Naquele mesmo instante eu me enchi de vida. Queria sair correndo à procura de uma atividade útil, mas não era assim que a coisa funcionava.

Tudo ali, na Colônia Novo Mundo, como em toda instituição responsável, respeitável e séria, obedece à disciplina organizada.

ෆ Quando pude, fui à procura de Osvaldo e demonstrei meu desejo de auxiliar, fosse no que fosse. Depois de ficar bem satisfeito, ele achou por bem procurar por Élcio, que exibiu grande alegria com a notícia e foi comigo até um diretor dos serviços gerais para saber onde e como poderiam me encaixar em tarefa útil.

– A vontade de participar de tarefas novas é o recomeçar mais nobre que podemos sentir. São raros os que compreendem essa etapa evolutiva. Creio que com o orientador Élcio você será bastante útil, meu jovem – disse o senhor de feição arredondada e pele morena, sorriso tranquilo e muito calmo. Era o diretor dos serviços gerais.

Aliás, a Colônia Novo Mundo, embora ocupasse esfera espiritual e, como eu já mencionei, foi criada por Mentes Superiores, obedece a uma organização disciplinar impressionante, como um país ou cidade bem governada. Ninguém fazia nada aleatoriamente, as solicitações eram sempre avaliadas e examinadas conforme as necessidades do seu bem comum.

Passei a apreciar muito isso. Aprendi que sem se organizar é impossível ter tranquilidade.

Pensemos em uma casa onde as coisas não estejam no lugar. Sapatos jogados, camas desarrumadas, armários bagunçados, coisas sujas misturadas com limpas, pia sempre com louças para lavar... O ambiente fica nervoso, provoca estresse e isso induz a brigas e desconfortos.

Se uma única pessoa fica encarregada de organizar tudo, ela também se sobrecarrega e não produz muito. O certo é a ajuda mútua daqueles que dividem o mesmo teto.

Se um varre, o outro conserva limpo. Se o outro lava, o seguinte passa. Se o seguinte não pode, alguém tem de fazer ou tudo se acumula e vira desordem.

༄ Então, até aqui, deu para perceber que eu aprendi sobre prece, calar as reclamações e a me disponibilizar para tarefas úteis, solidárias, que me ajudariam muito.

Nem parecia que já haviam se passado três anos na colônia.

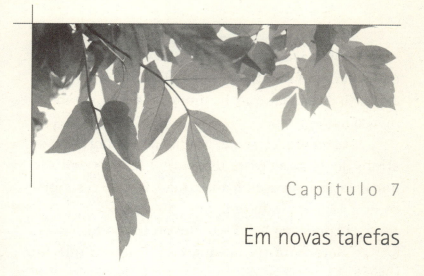

Capítulo 7

Em novas tarefas

Continuei a frequentar aulas que mostravam os efeitos dos entorpecentes, incluindo álcool, no corpo físico dos encarnados e as consequências devastadoras e tristes no corpo espiritual, além das sequelas que teriam de ser regeneradas ou harmonizadas de alguma forma. Nunca cansavam de repetir os resultados magnéticos das preces que auxiliam o psíquico a suportar o refazimento, seja para encarnados ou desencarnados.

Além disso, passei a acompanhar Élcio em algumas tarefas e isso me fez incrivelmente bem.

Eu havia sido tão mesquinho e egoísta quando me isolei, que não havia percebido, de imediato, a ausência de Matias que, há muito, não acompanhava mais o meu grupo.

– Lamentavelmente, Matias não suportou e se atraiu de volta à crosta terrestre. Fizemos de tudo que estava ao nosso alcance, mas ele não resistiu – contou Élcio quando senti falta do amigo.

– O que será dele? – fiquei preocupado.

– Retornará na mesma condição em que foi resgatado, ou seja, para perto dos encarnados que fazem uso de entorpecente. Ficará na condição de vampirizá-los. E não só isso. Como sabe, ele vai precisar disputar espaço, duelar, correrá o risco de se escravizar, novamente, para ficar próximo de um viciado, sofrendo todas as necessidades, dores espirituais e morais. Isso para alimentar o vício espiritual.

Fiquei com muita pena ao lembrar de Matias e recordar das condições cruéis a que ele se submeteu. Mesmo triste, o orientador amigo sorriu e me convidou:

– Agora, se quiser ajudar, venha comigo e vamos até a ala de isolamento auxiliar outro irmão.

Não perdi tempo e o segui bem de perto, afugentando aquelas ideias, aquelas lembranças amargas. Pensar no que vivi e recordar tanto sofrimento me dava forças para continuar.

E era um fato. Quando eu estava ocupado em alguma tarefa, não tinha a menor vontade de experimentar qualquer sensação dos efeitos das drogas. Nem pensava mais naquilo. Cada vez que me sentia útil, ficava mais limpo.

Percorremos o corredor e entramos em um aposento onde estava Natan, um dos que havia chegado ali depois de mim. Ao vê-lo, lembrei que já havia ficado daquele mesmo jeito. Ele estava encolhido sobre um leito, abraçava os próprios joelhos e chorava, gritando de vez em quando.

– Não suporto! Não aguento mais!!! É horrível! Quero sumir! Acabem com isso!!!

Olhei para o canto e vi dois auxiliares, que considerávamos enfermeiros em nosso setor, além do orientador de Natan. Eles estavam ali em silêncio e prece. Rapidamente, Élcio me explicou, apesar de não ser necessário, pois eu sabia o que se passava. Já havia experimentado crises como aquela:

– O desespero de Natan é tamanho que ele, talvez, nem consiga nos perceber. Nosso auxílio será o de sustentação. Sei que você é bom em preces. Por isso, agora, acomode-se aqui. – Obedeci de imediato e me sentei em uma cadeira no canto do quarto, e o orientador pediu: – Eleve seus pensamentos a Deus e se sinta seguro e confiante que o Pai está olhando e amparando a nós todos. Imagine que, do Altíssimo, desce um fio de luz até este cômodo e que essa luz nos banha de paz e tranquilidade.

– Que nos dê força – eu disse.

– Não. Força não. Não neste caso. Natan precisa de paz e tranquilidade para vencer a crise e organizar os pensamentos. Vou fazer o mesmo que você e Júlio – referiu-se ao orientador que acompanhava Natan e já estava ali com ele. – Vou manipular energias benéficas ao seu beneficiário e tutelado.

Senti medo. Era muita responsabilidade. Apesar disso, obedeci.

Pensei em Deus e roguei por bênçãos de paz e tranquilidade. Imaginei a luz Divina conforme Élcio orientou. Ele, por sua vez, ficou em pé, no meio do quarto. Algum tempo concentrado e senti-me encher de uma sensação boa. Deixei de ouvir a voz de Natan, que não parou de falar, e me concentrei na sustentação que deveria fazer.

Experimentei um envolvimento, uma força sutil e sublime que não sei explicar. Do topo da minha cabeça até a sola dos meus pés, senti algo que não havia experimentado ainda. Uma espécie de formigamento suave percorreu meu ser e tive a sensação de que o meu corpo espiritual deixou de existir.

Era como se eu fosse só mente. Uma espécie de "bolinha", talvez. Um pedacinho do Universo.

Continuei concentrado e pensando, só e unicamente, naquela luz em forma de energia de paz e tranquilidade.

O passo seguinte foi sentir sair de mim um magnetismo forte, bom, salutar, que se unia a Élcio e aos dois enfermeiros. E o recinto inundou-se dele. Um jorro de luz projetou-se no quarto e parecia ser lançado ali por mãos invisíveis. Não ousei olhar o amigo em pé. Continuei concentrado, pensando no Pai Criador. Imaginei, como se saísse Dele, aquela energia em forma de bênção: paz!

A voz de Natan foi acalmando e o choro amainado. Era impressionante. Algum tempo depois, senti a energia que vinha do Alto diminuir de intensidade. Mesmo assim, experimentei uma paz e uma tranquilidade intraduzíveis.

Todo o meu ser era paz.

Um toque suave em meus ombros e olhei para Élcio, que sorria largamente.

Ao me erguer, vi Júlio ao lado de Natan, orientando e deixando-o consciente, dizendo que a crise havia passado. Mas Natan tinha medo que acontecesse de novo. E isso eu podia entender. Sabia que medo era aquele.

Júlio olhou para nós e agradeceu. Élcio, em silêncio, chamou-me para ir, mas os outros dois continuaram ali, distribuindo energias aos centros de forças do assistido que continuava abatido.

Saímos dali e senti-me anestesiado por algo muito bom, extremamente saudável e calmo. Fiquei feliz pelo amigo ter resistido e ficado ali.

∾ Ganhamos alguns passos no corredor e Élcio me disse:

– Você foi ótimo! Confesso que fiquei surpreso. Extremamente surpreso e feliz.

– O que foi aquilo tudo?

– Foi o efeito das preces, das mentes ali que se uniram no mesmo ideal e cujo resultado era o bem. Quando estamos em prece, somos, simplesmente, o canal, a antena retransmissora da energia do Alto. Tudo o que desejamos para o outro passa, antes, por nós. A prova disso está aí, no que está sentindo.

Fiquei feliz comigo mesmo. Eu sabia que minhas preces me socorriam e, para mim, eram boas, mas não sabia que funcionava para os outros.

Com aquela experiência, aprendi a me concentrar em Deus, rogando Sua misericórdia, Seu amor, mas não tinha sentido tal efeito porque, talvez, nunca tivesse orado desejando o envolvimento de uma Luz Maior para os outros.

Como seria bom se as pessoas tentassem se concentrar nos outros, orando e pedindo a Deus paz e tranquilidade para envolver o próximo, sem que este fosse um parente ou amigo. É uma experiência impressionante desejar o bem.

∾ E assim comecei a auxiliar Élcio o quanto podia e quando me era permitido. Isso me fazia um bem danado.

Havia pavilhões que eu ainda não podia ir. Disseram que eram câmaras com internos em difíceis situações: deformados, mutilados e transtornados graves. Todos estavam daquele jeito por consequência dos efeitos espirituais das drogas.

Algum tempo depois, os meus companheiros de grupo, Jonas, Edmundo, Tadeu e José se juntaram a mim e a Élcio, auxiliando no que podiam.

Depois dessa união, era comum, nos fins de tarde, nós nos reunirmos para conversarmos um pouco sobre as tarefas e nossa vida. Era impressionante como tudo havia mudado.

Nosso orientador, muito amigo, estava sempre conosco, mesmo quando as tarefas terminavam. Quando começávamos a falar, normalmente ele só ouvia. Um dia Jonas perguntou:

– E você, Élcio? Como veio parar aqui?

Ele sorriu, fez uma expressão significativa na face serena e contou:

– Há muito tempo vivi uma reencarnação em um país distante. Meu pai, nessa época, ocupava uma função como a de um farmacêutico, um boticário. Com ele aprendi muita coisa, mas não usei corretamente.

– Onde foi isso? – interessou-se José.

– Na Alemanha – tornou a sorrir de forma leve. Tranquilo, contou: – Nessa época, não existiam medicações diversas para dores em geral, como hoje, e o ópio era muito utilizado para o tratamento de dor de cabeça forte. Era comum os farmacêuticos, ou boticários, como queiram, fornecerem remédios para esses e outros males. Então, a mãe de um amigo meu precisou dessa droga como medicação, mas eu e meu amigo começamos a usá-la por causa dos prazeres de seu efeito. Não demorou e o meu pai desconfiou. Muito bravo, ele me chamou para uma conversa séria e me explicou os problemas, já relatados pela ciência da época, e que hoje conhecemos como dependência química. Nossa... ele falou muito. Fiquei impressionado e parei de usar. Eu ainda não estava dependente. Embora desejasse, não mais usei ópio e, com o tempo, a vontade passou. Meu amigo, por sua vez, já havia se viciado. Eu ainda não tinha muita noção do que era vício e não tinha uma opinião formada a respeito. Não dei importância ao problema de meu amigo e, diante de sua necessidade, fornecia a ele as medicações à base de ópio, sem que meu pai soubesse. Para piorar a situação, aceitei dinheiro para comprar a droga e fazia isso em nome de meu pai, que nem desconfiava.

  Esse amigo – continuou Élcio –, precisou fazer muitas coisas ilícitas para conseguir sustentar o vício. Lesou o corpo, a mente e o espírito. Demorei a entender minha culpa por tanto prejuízo – ficou reflexivo. Depois, prosseguiu: – Reencarnei novamente e recebi esse amigo como filho a fim de educá-lo.

A dependência química pode atravessar encarnações seguidas. Como meu filho, ele não era diferente daquele cara que eu ajudei a entrar nas drogas e a sustentar o vício. Ele tornou-se o filho rebelde que se envolvia em encrencas e com drogas. E era eu quem deveria ensinar e recuperá-lo. Por conta de não querer ouvir minhas orientações, ele sumiu de casa. Com a idade, naquela encarnação, ele ficou bastante prejudicado. O uso de drogas deixou seu cérebro com sequelas da dependência e seu corpo transbordava as aflições físicas. Quando não tinha mais onde ficar e quem cuidasse dele, voltou para casa. Eu o recolhi, mesmo quando todos condenaram minha atitude, cuidei muito bem dele. Coloquei-o em tratamento, não tão adequado como deveria, devido ao nosso poder aquisitivo. Chorei, choramos juntos e descobrimos na oração o poder do alívio, mesmo que brando, para nossas dores da alma. Ele tinha crises difíceis, lapsos de memória, tremores, alucinações, dores... Ficou aleijado e não podia mais sair de casa. Permaneci todo o tempo ao seu lado até o último minuto – silêncio absoluto. Élcio trazia o olhar perdido como se houvesse uma lembrança muito viva em sua mente. Sorriu levemente, ao nos olhar, e continuou: – Depois de sua partida, orei imensamente pedindo ao Pai Criador que o envolvesse, que perdoasse suas falhas, que o socorresse. Eu não tinha muita noção sobre a vida após a morte. Acreditava que não morríamos, de fato, mas não sabia direito para onde íamos. Não tinha noção de reencarnação, de planejamento reencarnatório ou coisa assim. Embora fosse católico, não sei se acreditava em céu, inferno ou purgatório. – Fez breve pausa. – Nunca me esqueci desse filho e sempre fazia orações com desejos de amor, imaginando-o recuperado, refeito, equilibrado.

– Onde estavam encarnados nessa época? – perguntei curioso.

– Muitos fatores espirituais nos trouxeram para reencarnar aqui, no Brasil – tornou Élcio. – Segui minha vida e cuidei dos outros filhos e netos. Sempre procurei seguir os ensinamentos de Jesus. Era um homem temente a Deus, religioso. Quando desencarnei, fiquei algum tempo adormecido. Ao despertar, na espiritualidade, estava recolhido em um lugar muito bonito. Tomei consciência do plano espiritual, da minha condição considerável e agradeci ao Altíssimo. Estudei. Aprimorei-me e, com o tempo, comecei a ter lembranças de outras vidas. Sempre quis saber desse filho, mas me disseram que ele estava bem e que ainda não era o momento de nos reencontrarmos. Um dia, na colônia onde eu estava, recebi uma visita que me deixou imensamente feliz.

– A visita de seu filho?! – Tadeu perguntou empolgado para saber o fim da história.

– Não. Recebi a visita do Erick. O mesmo que trabalha hoje na assistência e no recolhimento de espíritos para serem socorridos aqui. – Todos nós sorrimos, sabíamos de quem se tratava. Élcio prosseguiu: – Lembrei-me dele e de toda nossa vida, assim que o vi. Erick Bernstein foi aquele pai amoroso, na Alemanha, que me orientou e me desviou do caminho das drogas, aquele que eu traí a confiança para favorecer esse meu amigo e, depois, filho amado. – Ficamos perplexos e Élcio prosseguiu: – Abracei-o. Chorei de emoção. Ele me tratou com amor digno e superior de um pai verdadeiro, embora tivesse uma aparência mais jovem do que a minha! – riu. – Conversamos muito. O Erick disse que foi ele quem amparou meu filho querido, socorrendo-o aqui, nesta colônia, a fim de seguir com o tratamento iniciado na crosta, quando ainda encarnado. Trouxe-me aqui para visitá-lo. Fiquei maravilhado ao ver Álvaro tão recomposto.

Novamente, todos surpresos. Seria Álvaro o instrutor que foi até a crosta terrestre com aquela comitiva para nos trazer para cá? Como isso era possível?

Não aguentei muito e indaguei:

– Você está falando do instrutor Álvaro?!

– Ele mesmo – afirmou Élcio e sorriu. Transbordando satisfação, olhando nossas faces surpresas, contou: – Álvaro se recompôs. Estudou. Trabalhou e atuou muito. Reencarnou novamente. Aliás, nós reencarnamos na mesma época e fomos muito amigos. Como médico, ele fundou uma clínica de recuperação para doentes viciados em entorpecentes e eu o segui, ajudando-o como colega de profissão e amigo-irmão. Sempre estávamos juntos até uma fatalidade, vamos dizer assim, e eu desencarnei. Eu me achei dono de uma situação e, descuidado, fui atingido na cabeça por um interno que eu não julgava perigoso. No plano espiritual, Erick me recebeu. Recomposto, e por gostar muito do trabalho que o amigo Álvaro havia iniciado na clínica, no plano físico, eu me preparei. Na espiritualidade, fui auxiliar nessa clínica. Logo, não só na clínica, mas também auxiliava na equipe de socorro da querida benfeitora desta colônia com Erick.

– Quando eu a vi, no dia em que fui socorrido, senti uma emoção... E ainda sinto isso só de me lembrar – contou Jonas ao meu lado.

Por minha vez, fiquei frustrado. Eu estava lá e só vi uma luz que me cegou.

– Quem é ela? – perguntei rápido.

Élcio sorriu e se iluminou ao responder:

– Uma benfeitora que, atualmente, adotou o nome de Schellida. Foi uma das consciências principais para a formação da Colônia Novo Mundo.

– O que mais pode dizer sobre ela? – indaguei, emocionado, tocado de alguma forma só por ouvir aquele nome.

– Que todos os seus ensinamentos mostram que o amor vence o ódio, que o bem aniquila o mal e que é possível viver melhor quando nos dispomos a ser aprendizes de boa vontade. Ela sempre afirma ter ensinado o que o Mestre Jesus ensinou. Nada mais.

Confesso que fiquei impressionado.

Aquela colônia, aquele "Novo Mundo" era um educandário superior. Possuía um serviço de socorro inestimável a criaturas que chegavam ali como eu ou piores, em dolorosa petição de reajustamento, ainda dominadas por impulsos inferiores, mas a maioria, confortada e orientada assiduamente, reconhecia a capacidade, mesmo que singela, do crescimento próprio, da libertação e superação dos maus hábitos, através do magnetismo da prece, do amor e da solidariedade.

Fiquei emocionado somente por algumas dezenas de palavras que nosso orientador teceu sobre aquela a quem denominou como benfeitora. Até seu magnetismo pessoal nos impressionou ao falar dela. Deveria ter feito muito para ser tão amada.

Élcio ainda disse:

– Schellida, como simplesmente aprecia ser chamada hoje, possui um sentimento de amor e misericórdia imensuráveis. No anonimato, há muito, vem socorrendo os filhos do mundo que se desviaram, que padecem em aflições e derrotas. Jovens desencarnados precocemente, principalmente, recebem sua afeição quando preparados. Quando não, recebem sua proteção sempre que possível, a fim de se guiarem para o socorro bendito, sem se perderem mais ainda, em condições extremamente perturbadas e servirem de escravos em submundos ainda piores e mais sombrios do que aqueles que conhecemos nos baixos círculos, após o desencarne. É um grande trabalho de renúncia e dedicação em benefício dos semelhantes que ela e outros vêm desenvolvendo há séculos sob orientação Superior. Ela abraçou a tarefa desvelada de esclarecimento de encarnados, procurando orientar, em obras literárias que assina com esse nome, sobre o comportamento, a moral e o primitivismo mental que aprisiona a evolução do ser. Trabalho esse que foi planejado por muito tempo, na espiritualidade, e hoje vem à luz.

Silenciamos e permanecemos pensativos sobre o que ouvimos.

Não aguentei muito tempo e indaguei:

– Como se sente hoje vendo Álvaro? Orgulhoso?

– Feliz, é a palavra certa. Lamento por termos percorrido caminhos duros para descobrirmos a capacidade de superarmos desafios e podermos atuar em benefício de nossos irmãos e de nós mesmos.

Meditei a respeito do que ouvi.

Quantas vezes admiramos alguém por sua posição ou condição elevada e não sabemos como foi difícil chegar até ali. Descobrimos que é possível ser melhor do que somos, quando sabemos que outros já percorreram o mesmo caminho difícil e pedregoso.

Eu já admirava Élcio e essa admiração aumentou. Senti uma força muito grande invadir meu ser. Uma coragem e vontade de ser superior ao que era depois de ouvir sua história e a de Álvaro. Se eles conseguiram, eu também podia conseguir.

Capítulo 8

De volta à crosta terrestre

O tempo foi seguindo...

Aprendi a fazer muita coisa. Auxiliava em tarefas diversas e, praticamente, tornei-me um aluno fiel de Élcio, que me levava para todo canto.

O que eu mais apreciava era recepcionar os recém-chegados e, quando podia ou me era permitido, gostava de falar sobre esperança, força de vontade e fé para vencer aquelas condições que tanto aprisionavam e escravizavam o ser.

Certa tarde, encontrei Jonas no pátio interno do nosso pavilhão. Ah! Já havíamos mudado de pavilhão.

Não éramos mais assistidos como quando chegamos ali. O amigo estava pensativo. Acomodei-me ao seu lado e respeitei seu silêncio.

Algum tempo depois, o amigo comentou:

– É tão bom receber as energias das preces que nos chegam, não é? – sorriu de forma serena, feliz.

Sabia que isso era verdade, mas eu havia recebido tão poucas preces! Então comentei:

– Minha tia Celeste foi a única a orar, verdadeiramente, por mim. Dos demais, recebi as lamentações. As vibrações ruins de vizinhos, conhecidos que incomodei, também senti... – senti um mal-estar quando disse aquilo. – A minha tia orou e desejou que eu estivesse bem, recomposto, tranquilo – fiquei animado novamente. – Isso ajudou o meu refazimento, a recuperação do corpo espiritual e também psíquica. Minha mãe e meus irmãos... Eles não sabem orar nem têm ideia do poder da prece.

Eu não quis falar por muito tempo naquele assunto. Ficava triste por não ter uma família mais elevada, espiritualmente falando. De mais a mais, as vibrações negativas daqueles que não gostavam de mim fizeram-me muito mal. Fizeram-me sofrer. Lógico que a culpa era minha. Fui muito imbecil, quando encarnado, e merecia cada dor que procurei para mim mesmo.

E para mudar a conversa, perguntei:

– Como você se envolveu com drogas, Jonas?

O amigo fez uma fisionomia singular, uma expressão de lamento, depois contou:

– Sempre fomos bem pobres. Morávamos em uma comunidade que cresceu irregularmente, depois de apropriações indevidas de terras. Lá, meus pais levantaram primeiro um barraco de madeira e, logo depois de um incêndio, fizeram um de tijolos. O clima em nossa casa sempre foi bem difícil. Era comum meu pai beber muito, brigar e bater em minha mãe, em mim e em meus irmãos. Eu cheguei a pensar que em toda família isso fosse normal. Ele trabalhava, quando estava sóbrio, como ajudante de pedreiro e minha mãe como diarista.

– Quem tomava conta de vocês? – interessei-me.

– Deus. – Breve pausa e prosseguiu: – Eu e meus cinco irmãos ficávamos sozinhos, à mercê da sorte ou do azar. Comíamos o que tinha e quando tinha. Vivíamos de doações, andávamos descalços quando éramos pequenos. No calor, os menores ficavam comumente sem roupa. Na frente da porta da cozinha de nossa casa, tinha uma vala onde o esgoto corria a céu aberto. O cheiro era horrível, mas nos acostumamos a ele. Era comum ouvir troca de tiros entre a polícia e os marginais ou entre bandidos. Uma vez um tiro pegou de raspão o braço do meu irmão de três anos, que estava dentro de casa. Nós nem o levamos ao médico. Não demos a menor importância. Quando eu tinha cinco anos e meu irmão mais velho seis, víamos alguns amiguinhos lá da comunidade voltar para casa com algumas moedas. Ficamos curiosos para saber como conseguiam dinheiro. Descobrimos que eles pediam dinheiro nos semáforos. Então, decidimos fazer o mesmo.

Nas primeiras vezes, brigamos pelo "ponto". Passamos vergonha, mas, com o tempo, nós nos acostumamos às adversidades e nos tornamos agressivos, insensíveis. Com os primeiros valores que recebemos, compramos pão. Fizemos um lanche e matamos a fome. Era uma fartura – sorriu. – Até que, um dia, um garoto mais velho nos disse que se cheirássemos cola não teríamos mais fome. Experimentamos. A tontura provocava entorpecimento e não sentíamos fome nem pensávamos direito. E assim foi indo. Depois vieram os cigarros de maconha, de graça. Não pagamos pelos primeiros, lógico. Um dava um "tapa" no "baseado" do outro e curtíamos, juntos, aquele "barato". Fiquei de "bode", algumas vezes. Enquanto fumava maconha e curtia o "barato", não pensava nas dificuldades e não tinha sentimentos. Tudo ficava bom. Depois, o "bicho pegava". Precisava de mais. Ficava nervoso, irritado quando não tinha. – Ele fez longa pausa e pareceu recordar: – Saíamos cedo de casa e voltávamos bem tarde com alguns trocados que dávamos para o nosso pai. Ele não perguntava onde conseguíamos o dinheiro e logo o usava para beber. Por levarmos grana para casa, ele deixou de trabalhar e bebia cada vez mais.

 O tempo passou. Quando nosso irmão mais novo ia fazer cinco anos, começou a ir com a gente para os semáforos. Por ele ser pequenininho, causava piedade e os motoristas davam mais dinheiro para ele. Mas, bastava o carro ir embora que eu e meu irmão pegávamos tudo, controlando a grana. Para ele não sentir fome, nós mandamos que cheirasse cola e, com o tempo, fumasse maconha ou comesse biscoitinhos de maconha que aprendemos a fazer.

 – E a mãe de vocês? – interrompi, curioso.

 – Ela dava o maior duro fazendo faxina e chegava em casa bem tarde. Bebia também, fazendo companhia para o meu pai que, àquela hora da noite, já estava embriagado e dormindo. Mal víamos nossa mãe e pouco conversávamos com ela.

 Então, o menino que vendia maconha e outros entorpecentes, chamou meu irmão e eu para trabalharmos para um cara. Nós só precisaríamos fazer entregas de pequenos pacotinhos e ganharíamos uma grana com isso. Era moleza. Eu achava que ganhava muito. Às vezes, recebia em drogas mesmo e aumentava o uso. Com isso, conheci o haxixe, a cocaína, o crack e outras coisas. Comecei a praticar pequenos furtos, quando não estava pedindo dinheiro nos semáforos. Tudo ia para a compra de drogas para o meu consumo.

    Demorou muito para minha mãe entender o que estava acontecendo. Daí ela queria nos prender em casa, mas não dava mais. Era tarde. Eu, meu irmão mais velho e os outros dois mais novos estávamos no vício.

    Passei dias fora de casa. Fiz de tudo por conta do vício. Cheguei a uma degradação tão grande que até me prostituí para arrumar dinheiro para comprar drogas. Aliás, prostituição e drogas andam de mãos dadas, não é? – perguntou, mas eu não respondi. Jonas continuou: – Às vezes, eu voltava para casa dizendo a mim mesmo que não iria mais voltar para aquela vida desgraçada. Mas não conseguia manter a promessa. O desespero tomava conta de mim por causa das sensações, dos desejos intensos para consumir alguma coisa. Eu pegava, da casa de meus pais, rádio, móveis, qualquer objeto que desse para vender e comprar drogas. Em seguida, vinha o arrependimento cruel, o desespero... Mas eu voltava a fazer de novo e de novo...

    Meu pai ficou muito doente. Teve cirrose hepática, depois, câncer de fígado... tudo por causa da bebida alcoólica.

    Minha mãe passou a frequentar uma igreja católica onde me levou algumas vezes. Lá eu orava, cantava, pois fiz parte de um grupo e isso me dava forças interiores para ficar mais tempo sem usar nada. Só que depois voltava para o vício. Eu sabia que alguns caras já tinham conseguido ficar limpos, mas não foi meu caso.

Meu irmão mais velho foi morto por traficantes por não ter pagado as dívidas feitas com drogas. Os dois mais novos do que eu, desapareceram. Ninguém mais ouviu falar deles.

Aos dezessete anos, minha mente já estava confusa. Eu não sabia fazer nada, só entrava em desespero para me drogar, para conseguir entorpecentes. Vendia balas nos semáforos, pegava panfleto para distribuir em residências... O que ganhava, quase tudo, ia para o vício. Depois, corria para a igreja, para pedir perdão. Rogava ajuda...

Meu pai morreu bem depressa. Nessa época, eu descobri que tinha um tumor no cérebro, certamente causado ou agravado pelos entorpecentes. Passei a ter crises, convulsões, ataques de desespero por causa das dores fortíssimas. Fui operado, mas não puderam fazer muita coisa devido à localização da massa tumoral. Dois meses depois da cirurgia, desencarnei. Fiquei vagando lá em casa por algum tempo. Seguia minha mãe para todos os lugares, até na igreja. Mas quando vinha o desespero para sentir o efeito causado pelo uso de drogas, eu ficava louco.

Logo descobri como era o processo de me aproximar de encarnados que faziam uso de drogas para experimentar as sensações que eles experimentavam.

— E seu irmão mais velho? Vocês se reencontraram?

— Não. Depois de muito tempo aqui, recebi notícias de que ainda está na crosta e, infelizmente, escravizando-se e vampirizando encarnados. Meus outros dois irmãos, que desapareceram, um também desencarnou quando se propôs a doar um rim num procedimento clandestino para conseguir dinheiro para o uso de entorpecente. O outro, apesar de ter se submetido ao mesmo processo de doação, sobreviveu. Hoje ele vive como demente, vagando pelas ruas de um estado longe do nosso. Não é capaz de lembrar nem do próprio nome. Quanto ao meu pai... – disse em tom de desânimo. – Ele vive na crosta, junto a encarnados que fazem uso de bebidas alcoólicas, vampirizando-os.

— E sua mãe?

— Minha mãe havia parado de beber fazia tempo, desde quando meu pai morreu. Ela e minhas duas irmãs mais novas levam uma vida mais equilibrada hoje. Minhas irmãs estudaram com muito sacrifício e começaram a trabalhar. Deixaram a casa na comunidade e alugaram uma, bem pequena, em um bairro simples, porém com melhorias de saneamento básico. O esgoto não passa na porta da cozinha. Foi na igreja que aprenderam a temer o que é ruim. O medo, nesse caso, foi importante. Todas trabalham e vivem honestamente. Minha irmã caçula vai se casar com um rapaz que conheceu na igreja. As preces delas sempre me chegam e me trazem paz. Bem que eu poderia estar lá, com elas. As drogas destroem lares, famílias e não só a vida de quem as usa. É graças aos entorpecentes que muitos roubam, matam, fazem muita coisa errada para sustentar o vício ou por estar sob o efeito dos entorpecentes.

Jonas tinha razão. Não importa o nível social, o grau de instrução, onde quer que as drogas entrem, elas acabam com tudo. Destroem tudo e todos.

Cada um ali tinha sua história nas drogas e todas, sem dúvida, eram tristes, de dores e arrependimentos.

~ Com o tempo fui convocado para tarefas ainda mais diferentes e me sentia bem. Sentia-me útil. Conheci lugares na própria colônia que nunca imaginaria.

Sabe aquelas câmaras que comentei, onde tinham casos sérios? Pois bem, conheci o lugar. Não é legal falar sobre o que tem lá. Nossos irmãos, os assistidos dali, eram bem deformados, quase não se assemelhavam a seres humanos. Precisavam de isolamento para tratamentos bem específicos a fim de se recomporem para reencarnar. Era o único jeito de eles terem uma chance de elevação. No plano espiritual, muito provavelmente, não se recuperariam.

Apesar de eu não ser ainda um tarefeiro, foi na abençoada tarefa de auxílio que encontrei energias novas, que me revigoravam. Todas as noites, depois de um dia cheio, agradecia ao Altíssimo pelo abençoado recolhimento, pela oportunidade bendita de estar ali.

Soube que um número muito grande daqueles que chegaram ali comigo, não conseguiram resistir e se atraíram novamente ao plano dos encarnados.

Não podemos criticá-los. Não é fácil vencer o vício encarnado. O que dizer quando desencarnado.

೦ఎ Em certa ocasião, Élcio me procurou avisando:

– Um grupo, embora pequeno, de tarefeiros será reunido para retornar à crosta terrestre, para junto dos encarnados, a fim de estudo, aprendizado e socorro de outros irmãos. Não quer se candidatar para ir?

– Eu?! – fiquei surpreso. Não me achava preparado.

– Iremos nos juntar à equipe de socorro de Erick – ele sorriu, esperando minha manifestação.

Senti uma ansiedade crescendo em mim. Imediatamente, procurei saber como seria a tal excursão para me candidatar.

Minha felicidade não poderia ser maior ao saber que faria parte da equipe. Por outro lado, senti uma saudade antecipada dos amigos que fiz ali e que não seguiriam comigo. Mas eu sabia que eles estavam bem e nos veríamos em outras oportunidades.

༄ Fomos preparados e instruídos até a chegada do dia em que retornamos.

Como sempre, amoroso e sorridente, Erick nos recebeu como pai afetuoso que demonstra satisfação. Após tantos anos, ele estava com a aparência de sempre. Nem novo nem velho. Semblante bonito, expressão jovial, tranquilidade sábia, confiante. Transmitia bondade, algo fraterno. E foi nesse tom que nos deu boas-vindas:

– Sintam-se bem-vindos a este Posto de Auxílio, pois é uma felicidade muito grande tê-los de volta aqui, nestas condições espirituais de tarefa e aprendizado – foi como o instrutor nos recebeu.

Álvaro estava lá e também o cumprimentou com alegria.

O quanto antes, Erick, sempre afetuoso, orientou-nos sobre a elevação mental e a importância de esquecer os velhos hábitos. Falou muito sobre a atenção especial que precisávamos oferecer para a atitude interior da fé, da esperança e do otimismo, não desviando os desejos e os pensamentos do que era bom e correto. Reforçou sobre recebermos bênçãos do Plano Superior para aquele trabalho e instrução, mas também que qualquer deslize de nossa parte seria de grande risco para a atração ao estado que já havíamos conhecido um dia: de dor e sofrimento.

Repousamos ali, naquela noite e, após novas instruções, no dia seguinte saímos depois de o instrutor Erick, humilde, rogar auxílio comovente ao Alto que, frente aos nossos olhos, foi respondido por raios abrilhantados de luz excelsa que jorrou sobre todos nós.

Ficamos emocionados. Não poderia ser diferente.

❦ Saímos em um grupo de vinte, no total, contando com Erick e outros tarefeiros e técnicos acostumados àquele auxílio.

Caminhamos ao ritmo humano pelas ruas, praças e logradouros.

Encontramos grupos de encarnados, aqui e ali, fazendo uso de entorpecentes. Junto deles o número de desencarnados, que os vampirizavam, era extremamente maior. Era assustador.

Quando comecei a pensar e a ter sobre mim mesmo, um sentimento repudiante por ter vivido igual a eles, imaginando como eram os desencarnados que ficavam comigo, Erick se aproximou de mim e, educado, repreendeu-me firmemente:

– Eleve os pensamentos. Não obscureça o ser com ideias ou lembranças que não terão qualquer proveito. Os tormentos da alma, aqui, só vão atraí-lo para o plano inferior. Pense em Jesus.

Levei um susto e observei irradiações escuras que se formaram em mim.

Recolhi o pensamento em prece por alguns instantes e retomei o equilíbrio.

Logo, o instrutor observou que ali não havia nenhum desencarnado em condição de socorro e, então, prosseguimos.

Como que atraído por uma força mental que não sei explicar, Erick nos guiou até uma escola ali perto.

Entramos e encontramos no banheiro, acuado em um canto, um espírito banhado em lágrimas, pedindo socorro. Era bem jovem e estava com uma aparência incrivelmente transfigurada. Mesmo com os olhos arregalados, parecia não nos ver, tamanho medo dos outros cinco espíritos que o maltratavam com chutes e agressões.

Nosso instrutor projetou um influxo de energias em suas direções e, assustados, os cinco foram embora.

Aproximando-se do indefeso, Erick se prostrou de joelhos e o envolveu com carinho, orando sempre. Fizemos o mesmo. Observei o instrutor e vi que no alto de sua cabeça havia um halo de luz azulada e finíssimo fio, como um reflexo, ligando-o ao Alto.

Os gemidos e lamentos do socorrido não o distraíam. Pouco tempo e aquela criatura ficou tranquila como em sono, abraçada a ele.

O instrutor, com um simples olhar, orientou dois técnicos que envolveram o socorrido e, com outros dois, foram embora.

Agora éramos dezesseis.

Seguimos.

Olhei as vestes de Erick, que se trajava à maneira de encarnado: calças escuras e camisa clara. Observei que no azul-clarinho da camisa havia sujeira do socorrido, mas, para minha surpresa, esta foi desaparecendo aos poucos até sumir.

Bem próximo a uma estação ferroviária, em lugar fétido e angustioso, outro desencarnado, em súplica fervorosa, atraiu-nos para mais um socorro.

Já havíamos percorrido grande distância quando encontramos com outro grupo de socorristas, que executava tarefa semelhante à nossa.

Os instrutores se cumprimentaram e nos apresentaram em seguida.

– Hoje o saldo foi muito positivo. Já recolhemos dois irmãos que se encontravam preparados – disse Erick.

Eliezer, o instrutor que liderava o outro grupo, pareceu satisfeito com a notícia, mas lamentou:

– Não temos esse prazer há quase duas semanas. Todos que encontramos nos baixos círculos de vibração não se achavam, suficientemente, preparados para o socorro.

Como assim? Eu questionei sem me pronunciar. O Erick socorreu só dois e achou muito. E a outra equipe socorrista não auxiliara ninguém durante todo aquele tempo?

Nem prestei atenção ao restante da curta conversa. Eles logo se despediram e seguimos.

– Não me lembro de tê-los visto antes na Colônia Novo Mundo ou no Posto de Socorro de onde viemos – comentou Tadeu, que fazia parte de nosso grupo.

– E não os viram mesmo. Eliezer e os demais fazem uma tarefa semelhante à nossa e recolhem os necessitados para outro posto e outra colônia. Vejo que ignoram que existam outras esferas no plano espiritual para socorro abençoado a irmãos necessitados. Mas posso afirmar que elas são várias – sorriu nosso instrutor.

Após algumas observações à procura de criaturas prontas para o auxílio, Erick decidiu que precisávamos nos recolher.

ᘒ Os encarnados não têm ideia da vasta extensão doentia que existe, na espiritualidade, por conta dos desatinos praticados em vida corpórea e, principalmente, não reajustados.

Os espíritos inferiorizados e desequilibrados oferecem influência negativa com a mesma força e intensidade que os espíritos mais esclarecidos e sublimes. Tudo depende da receptividade do encarnado. É ele quem decide com quem vai se deixar envolver.

Via de regra, os espíritos inferiores influenciam sempre através da região do estômago e do sexo, enquanto os espíritos mais esclarecidos seguem estimulando influxos equilibrados na região do coração e do cérebro.

Logicamente, com o domínio dos desejos para o que é inferior, os espíritos decaídos, com o tempo, passam a dominar nossas vontades através das inspirações pelos pensamentos, direcionando-nos a atitudes, palavras, ideias e ações de tudo o que é deplorável. E é aí que a gente se prejudica.

Capítulo 9

O encontro com Schellida

Nos dias que se seguiram, continuamos com a mesma tarefa.

Era curioso quando grupos de espíritos desordeiros e hostis, em incrível desequilíbrio, passavam por nós sem perceberem a nossa presença. Era como se não existíssemos.

Aparência feia e palavreado vulgar. Palavrões e xingamentos exibiam a ignorante e deplorável condição na escala evolutiva. Agressivos, com vestimentas bisonhas por liberação da própria vontade, mostravam ferramentas de luta empunhadas para atacar e gritavam horrivelmente a todo o momento.

Todas as cenas, naquela região escura, eram deprimentes.

Continuamos e atravessamos limites vibratórios para regiões ainda menos felizes.

Passamos a ouvir apelos, gritos estridentes de dor e de socorro vindos de charcos que não consigo descrever.

Estranhei ver uma senhora, com aspecto não compatível aos que viviam naquela região. Ela emocionou-se e ficou em lágrimas quando nos viu. Buscava auxiliar o filho, largado em condições incrivelmente lamentáveis.

Nós nos aproximamos. Nosso instrutor se concentrou na cena para saber o que estava acontecendo. Bem próximo dele, ela pediu:

– Ajude-me, irmão! Socorram meu pobre filho que não consegue nem se reerguer! Por misericórdia!

– Esse lugar não é adequado à irmã – Erick orientou. – Seu filho querido pode receber ajuda, mas não agora. Se a irmã vier conosco, poderá ajudá-lo mais eficazmente.

– A mãe que ama não abandona um filho! Não me peça isso, companheiro. Meu menino se perdeu no mundo das drogas. Foi difícil encontrá-lo e vejo que está aqui há tempo demais.

– A senhora tem consciência de sua condição hoje? – tornou Erick em tom generoso.

– Se tenho consciência de minha condição de desencarnada? Sim! Claro! Sei que morri já faz algum tempo. Fui espírita quando encarnada. Sei o que aconteceu comigo. Mas isso não importa. Agora, o que mais quero é ajudar meu menino. Ele desencarnou quinze anos antes de mim e ainda... – olhou para o filho e chorou. Em seguida, voltou-se para nosso instrutor, pegou suas mãos e olhou-o nos olhos, implorando: – Só por ver sua luz percebo que é um socorrista abençoado. Então peço: Ajude meu menino! Por misericórdia! Por amor a Jesus!

Erick olhou para nós, que ficamos na expectativa. Vi em seus olhos uma piedade e benevolência indizíveis. Como se eu pudesse ler seus pensamentos, soube o que ele estava pensando: "como negar o apelo desesperado vindo do amor de uma mãe?".

Ele observou o rapaz em questão e analisou-o de forma que não consegui entender.

Para nós, o moço parecia em choque e em desarmonia desvairada. A mente, mergulhada em sítios sombrios e inquietantes, não identificava nada à sua volta. Tinha os olhos esbugalhados e o rosto cadavérico. Quase não se assemelhava a criatura humana. O corpo esquelético e nu, em miserável aspecto, parecia sofrer seguidas convulsões e, quando não, mantinha os membros encolhidos, torcidos. Embora ele não fosse diferente de outras criaturas que se largavam por ali, junto a ele, bem de perto, a visão era de arrepiar.

Erick se ajoelhou ao seu lado e se colocou em prece silenciosa. Com o poder de envolvimento, que lhe era peculiar, acalmou o rapaz, que se entregou a uma espécie de sono.

Após o olhar de pedido do instrutor, o espírito em dificuldade foi envolvido por técnicos especialistas naquele socorro.

A mulher, mãe emocionada em interminável agradecimento, pegou as mãos de Erick e as beijou. Ele as retirou e a envolveu, dizendo:

– Agradeça ao Pai. E lembre-se de que foram suas preces a razão deste socorro. Vamos levá-lo, porém a permanência em sítios de socorro vai depender muito dele.

– Meu filho vai conseguir! Ficarei ao seu lado.

Em tom bondoso, Erick se expressou:

– A irmã precisa de cuidados. Certamente, depois de recomposta, poderá auxiliar muito mais o querido filho. Agora vamos. Precisamos sair deste vale o quanto antes.

෴ De volta ao Posto de Socorro, o espírito assistido foi levado para lugar apropriado e a senhora recebeu os cuidados necessários.

Erick havia se recolhido por algum tempo e, bem depois, quando o encontrei, questionei:

– Por que aquele rapaz foi socorrido e os outros não?

– Quando o analisei, percebi que havia condições de auxílio e resgate. Do contrário, ele ficaria lá – um momento e explicou: – João Pedro, não podemos auxiliar aqueles que não querem. Como já sabe, muitos desejam alívio para suas dores. Não entendem que essas dores são frutos de suas más ações, de seus maus pensamentos, de seus desejos indevidos ou desequilibrados. Aquele que não está pronto para mudar, se for socorrido, voltará, com toda certeza, a práticas desarmoniosas, a começar pelos pensamentos, atraindo energias inferiores onde estiver. Por isso, a você e muitos outros, foi ensinado, incansavelmente, que os recursos psíquicos elevados devem ser abastecidos na prece ao Altíssimo, na elevação dos pensamentos, no desejo do que é bom e agradável. Qualquer sentimento inferior, seja o de insatisfação, desejo pelo que é vil, inveja, egoísmo, descaso e outros, vai atraí-lo para o nível inferior e infeliz que você já conheceu. – Fez breve pausa por me ver reflexivo. Aguardou alguns segundos, depois prosseguiu: – Voltando à explicação, não vai adiantar socorrer um irmão que, após refeito um pouco das suas necessidades, vai se atrair novamente às tristes condições em que o encontramos. Tudo o que temos aqui e em outros Postos de Socorro e em Colônias especializadas para tratamentos específicos, dependeu e depende de muito trabalho, de muitos colaboradores de Esferas Superiores, para serem feitos e sustentados. Seria uma desvalorização de seus serviços desperdiçarmos influxos energéticos de socorro àquele que não fará bom uso dele.

– Entendi. Obrigado por me explicar. Lamento não ter tido o bom senso para perceber isso sozinho.

– O tempo vai lhe trazer esse bom senso, mas enquanto isso, pergunte sempre que precisar. É também para isso que estamos aqui.

– Outra coisa – quis saber antes que ele fosse embora –, aquele espírito ficou mesmo todos aqueles anos naquelas condições?

– Sim, ficou. Há os que permanecem escravizados, debilitados em tal retardamento por muito mais tempo.

– E a mãe dele?

– Suas visitas ou permanência ao lado do filho não foram corretas. A misericórdia Divina a protegeu.

Fiquei pensativo. Erick sorriu bondosamente ao perguntar:

– Algo mais?

Constrangido, perguntei:

– Será que... Posso fazer uma visita à minha família?

O sorriso do instrutor se alargou. Ele sobrepôs o braço em meus ombros e me senti muito feliz. Como era bom experimentar um toque, um contato de alguém que nos considera.

Conduzindo-me, Erick respondeu:

– Iremos ver sua família sim. Muito em breve.

☙ No dia que foi reservado para o descanso, eu e Tadeu conversávamos sobre o quanto mudamos desde que fomos assistidos.

Agora, olhávamos para os recém-chegados e socorridos e, cada um deles, lembrava cada um de nós cerca de quinze anos antes, quando chegamos ali como pobres farrapos. Sem contar os anos que cada um já tinha vivido, no plano espiritual, antes de ser assistido. Creio que eu demorei muito tempo para ficar em condições de socorro. Nossa! Quanto! Se fosse medir minha burrice por anos... Deixe isso para lá...

Élcio se aproximou de nós e, por ter ouvido parte de nossa conversa, comentou:

– Todos nós só temos um caminho a seguir: o da evolução. A evolução é Lei Divina. Alguns se demoram mais, outros menos, mas, sem dúvida, todos vamos evoluir. Quando não queremos aprender, são as dores e os sofrimentos que nos fazem ver as necessidades e nos forçam a percorrer caminhos mais corretos.

– É verdade. Se os encarnados soubessem como é difícil se libertar da escravidão de um vício... – eu mencionei.

– Alguns sabem, mesmo assim não ligam. Não se vigiam e, só depois, experimentam a dificuldade do reajustamento e reconhecem o perigo – Élcio argumentou. – Saibam que nossas mentes registram todos os resultados de seus esforços nos arquivos inconscientes. Então nós nos tornamos mais fortes, vigorosos e... digamos, espertos o suficiente para não errarmos novamente naquilo que já superamos. Mas, se não superamos ou não sabemos se superamos, o melhor é rogar apelos santificantes ao Alto para não cairmos em tentação.

– Por isso, meus queridos – disse Erick aproximando-se –, mobilizem sentimentos e pensamentos em campo vibratório superior para não serem arrebatados naquilo que ainda não sabem se superaram – sempre expressando tranquilidade e confiança, sorriu bondoso.

Inquieto, indaguei curioso:

– Quando tomamos consciência de nossos erros, de nossa inferioridade e tomamos providências para mudar, qual o próximo passo para nos elevarmos como espíritos?

Sempre com semblante sereno, Erick respondeu:

– Nós só nos elevamos como espíritos quando somos úteis às Obras Divinas.

A resposta não poderia ser tão sabiamente simples. E, sem querer testá-lo, perguntei verdadeiramente humilde, querendo aprender:

– E o que nos faz demorar no sofrimento da inferioridade?

– A revolta ou a preguiça para com os deveres que nos pertencem nas tarefas de harmonizar o que desarmonizamos – respondeu Erick.

Fiquei maravilhado com a resposta. Nosso instrutor não poderia ter resumido melhor. Como fui por tanto tempo um imbecil teimoso, não observei as leis da educação como aquela: você recebe de volta tudo o que oferece. Comigo foi assim. Tudo o que ofereci ao mundo, recebi de troco. Pior, recebi de mim mesmo. Fui prepotente e não considerava ninguém. Fazia tudo o que queria e não respeitei os bons conselhos... Nossa! Como me dei mal por isso. Que pena, né? Poderia ter poupado muito sofrimento. Gente, como a humildade é importante!

Ficamos algum tempo refletindo as considerações do instrutor, até que Élcio interessou-se em saber:

– Erick, o socorrido de ontem tem condições de ser levado a tratamento para alguma colônia? Soube da sua história?

– Ele permaneceu em experiência miserável por muitos anos. Sua história é a seguinte: Quando encarnado, entrou no mundo das drogas sem se importar com os ensinamentos dos pais amorosos, que se dedicaram imensamente para ajudá-lo. Quando pôde, fugiu para longe, para outro estado, e continuou não só no mundo do vício, mas também no mundo do crime para sustentar o hábito infeliz. Desencarnou em confronto com a polícia. Por algum tempo, no plano espiritual, fez parte de grupos arruaceiros, dependentes dos efeitos de entorpecentes. Sugou energias dos encarnados viciados, vampirizando-lhes a vida de forma miserável, consumindo suas reservas e forças. Envolveu-se em dificuldades com líderes espirituais de extrema crueldade. Deparou com inimigos que desgraçaram sua vida, e, diante de perseguições horríveis, de tratamentos tormentosos, enlouqueceu, em espírito, vitimado por hipnose destrutiva, até tornar-se a criatura miserável que encontramos abandonada naquele "submundo". Verdadeiro inferno consciencial. De tão atormentado, perdeu a noção de si mesmo. Será levado para assistência em colônia apropriada, até ter o mínimo de condição para um renascimento em condições especiais, deficiente físico e mental, em grau compatível com seu estado para, devagar, ser motivado a restabelecer as formas espirituais apropriadas, através do desencarne e reencarne e, aos poucos, recomeçar na jornada evolutiva buscando harmonizar o que desarmonizou. Certamente os esforços daqueles que o amam vão proporcionar condições de reajuste e orientação. Em geral, é assim que funciona.

Não bastasse toda a explicação, eu quis ter certeza.

– Então, por causa desse estado atormentado, ele deve se recuperar um pouco na espiritualidade e depois reencarnar como deficiente? Foi isso o que eu entendi.

– Isso é o mais lógico – respondeu Élcio. – Tudo o que ele fez em vida corpórea foi no sentido de destruir o corpo e o cérebro. Desencarnado, envolveu-se em mais dificuldades. Nunca orou, não acreditou em uma fonte de vida Superior nem no Pai Eterno. Não fez nada em benefício de si nem dos outros. Os crimes praticados, quando encarnado, somam muito contra as Leis Divinas e do jeito que está não há nada melhor a ser feito.

– Se não for isso, ele retorna, por força de atração, ao lugar de onde foi tirado, pois sua mente não para de pensar em tudo o que viveu ali – tornou Erick.

– E a mãe dele? – Tadeu fez a pergunta que eu iria fazer.

– O amor sempre compreende e socorre, principalmente o amor de mãe. São criaturas elevadas e bondosas como ela que aceitam receber e cuidar desses filhos do Pai, que necessitam amparo para evoluir. Não posso afirmar, mas, geralmente, em casos assim são espíritos sublimes como ela que solicitam a guarda de irmãos como ele.

Eu fiquei impressionado ao refletir sobre o amor de mãe que compreende, educa e socorre.

Acho que, de forma distante, o amor de certas mães pode ser comparado ao amor de Deus, que sempre oferece mais uma chance e ama incondicionalmente.

Erick pareceu ler meus pensamentos e perguntou:

– João Pedro entendeu agora que de diversas formas, podemos ser úteis às Obras Divinas?

Respondi com um sorriso triste.

Imediatamente recordei quando levei aquela moça para fazer um aborto do filho que ela julgava ser meu. Um sentimento ruim tomou conta de mim. Fiquei constrangido e com vontade de chorar.

O que será que aconteceu com aquela criatura que iria reencarnar e eu ajudei a matar? E aquela moça? O que houve com ela? Tinha também aquela que desencarnou junto comigo naquele acidente. Eu também a matei. Tudo isso, de uma só vez, foi despejado nas minhas lembranças.

Não suportei.

Senti meus olhos aquecerem e lágrimas rolarem na minha face. Levei as mãos para cobrir o rosto e comecei a chorar.

Élcio chamou Tadeu e Erick ficou comigo. Sentando à minha frente, ele tirou a mão que cobria meu rosto envergonhado e me fez olhá-lo.

Imperturbável, calmo como sempre, orientou:

– O sentimento de arrependimento é o primeiro passo para a luz se souber aproveitá-lo.

– Como? Eu acelerei aquele carro e matei aquela jovem que estava comigo. Assumi o risco e fui homicida. Eu levei a garota para matar um indefeso!

– No caso do aborto, você não errou sozinho. Hoje, você dispõe do poder de renovar e reerguer situações. Aliás, todos dispomos desse poder. – Um momento e contou: – A garota que desencarnou, naquele acidente, já está reencarnada. Por amor e para ajudá-la, sua irmã aceitou recebê-la como filha. Já faz algum tempo, ela está guiando-a, orientando-a com amor, para uma vida mais saudável, em todos os sentidos.

– Então não posso fazer nada por ela?!

– Nunca se sabe. Hoje ela já é adolescente e... Pode ser que alguma tarefa sua, no futuro, possa ajudá-la, guiá-la. Isso vai depender de você. É por caminhos que achamos estranhos que fazemos harmonizações, sabia? – perguntou em tom generoso, talvez para me animar.

– Mas não foi só isso. Eu tirei a oportunidade de vida de alguém – falei mais calmo, provavelmente, envolvido pelas energias do instrutor amoroso. – Nas aulas que tivemos sobre o aborto, lá na Colônia

Novo Mundo, fiquei tão mal quando lembrei o que tinha feito... Recordei também quando você me falou sobre o arrependimento, sobre o autoperdão...

– E o que fez quando se sentiu mal lá na colônia? – tornou no mesmo tom bondoso.

– Fui orientado a orar, pedir perdão e oportunidade de corrigir meu erro. Mas... penso que a vida só se paga com a vida. Estou desencarnado. Não posso fazer nada.

– Você tem razão. A vida só se paga com a vida. Sabe, João Pedro, tem muita gente encarnada que não está viva. Está sem vontade de viver e, muitas vezes, de alguma forma, podemos levar vida a essas pessoas. Dar vida, é dar incentivo, alegria, motivação. Creio que você pode dar vida, não só a essa, mas também a muitas outras pessoas. – Sorriu e disse: – Não precipite seus pensamentos no desespero. Vou ajudá-lo com isso. Ore, por agora. Tranquilize os sentimentos e rogue paz profunda. Entregue suas preocupações e tristezas ao Altíssimo e peça para ser instrumento de reparação dos próprios erros.

Eu o encarei por longos minutos e depois perguntei:

– Como vai me ajudar?

– Também não sei o caminho, mas sei que vou ajudar porque tenho a vontade. Agora, vá para o seu quarto e se recolha em prece como orientei.

Erick se levantou, pegou minhas mãos e colocou entre as suas, apertou-as firmemente e sorriu quando me ergui. Senti-me mais confiante com aquele gesto de pai amoroso. Não sei por quê.

Ele tocou levemente meu ombro e se foi.

ℭ Era madrugada e já estávamos recolhidos em um dormitório quando senti a aproximação de alguém.

Élcio, ao meu lado, pediu simplesmente de forma quase inaudível:

– Venha comigo.

Rápido, eu o segui.

Caminhamos pelo Posto de Socorro e percorremos recintos acima do que estávamos. De um auditório, não muito grande, vi saindo alguns instrutores e orientadores.

Álvaro parou perto de nós e me cumprimentou, perguntando como eu estava.

– Bem – respondi somente e feliz por vê-lo.

Virando-se para Élcio, ele disse:

– Ela os espera.

Entramos na sala. Fui tomado por uma surpresa indescritível. Havia algo no ar. Uma energia ou força misteriosa e invisível que proporcionava uma claridade diamantina.

Alguns passos e vi Erick sentado à sua direita. Ele apoiava os cotovelos sobre a mesa. Suas mãos estavam juntas, unidas e com a fronte encostada nelas. Parecia extremamente respeitoso, em meditação, prece ou algo assim. Era uma mesa oval e, ao redor, outros tarefeiros como ele, homens e mulheres. Poucos lugares vagos. Do peito de nosso instrutor, uma luz era vista e se irradiava de forma tênue, envolvendo a figura luminescente de uma mulher de incrível e bem definida beleza.

Meus olhos se imantaram naquela imagem e comecei a me emocionar. Quis segurar as lágrimas, mas não foi possível.

Era um anjo, com toda a certeza! Envolto naquela claridade celestial, uma cor quase violácea, formosa e espontaneamente linda! Os encarnados, com a dádiva da clarividência, podem confirmar o que digo.

Ela sorriu para mim com uma doçura, com uma delicadeza gloriosa, e pediu com extrema candura:

– Venha, João Pedro. Fique aqui ao meu lado.

Enxuguei as lágrimas e me aproximei, envergonhado, diante daquela estrela. Ocupei o único lugar, à sua esquerda, e Élcio sentou-se em outro ponto da mesa.

Depois, senti-me um idiota porque, num impulso, sem que ninguém perguntasse, eu disse:

– Você é um anjo, com certeza!

Virando-se, levemente, ela estendeu as mãos mais finas e delicadas que já vi, fez um gesto como se pedisse as minhas e eu lhe dei. Segurando-me, sorriu com generosidade e respondeu em tom doce e emocionante:

– Meu querido, não sou anjo. Sou, simplesmente, Schellida. Tarefeira em nome do Mestre Jesus. Não me dê títulos ou nomes que não possuo – falou de modo pausado, sempre com olhar que endereçava bênção e amor.

Alguns momentos eu não conseguia olhá-la diretamente, tamanha expressão de luz irradiada em forma de bondade.

Soltou-me as mãos e comentou:

– Nosso querido Erick me trouxe seu desejo de reparação. Ele defende a possibilidade de ajustamento, auxílio e socorro em tarefa paralela à que desenvolve com você. Somos humildes servidores. Não temos prediletos ou protegidos. Acima de tudo, temos a boa vontade e o amor incondicional em servir ao Altíssimo. – Fez breve pausa na narração mansa e passiva. Depois prosseguiu: – Todos nós, encarnados ou desencarnados, vivemos envoltos por tudo o que atraímos e, lamentavelmente, essas atrações podem se transformar em pesadelos quando os desejos e os pensamentos não se equilibram em amor a si mesmo e ao próximo. – Um momento e continuou, sempre mansamente: – Costumo dizer que, quando amamos o próximo, desejamos o bem alheio e auxiliamos acima da medida do possível, e não só na medida do possível; fazemos parte da Obra Divina e proporcionamos o nosso bem no processo de aperfeiçoamento para a evolução. Não é o bastante só desejar, é necessário atuar. Assim, e somente assim, atraímos para perto de nós mentes que atuam no bem, em níveis excelsos, além de forças que se harmonizam e elevam. – Sorriu generosa. – A vontade, o desejo de corrigir ou harmonizar os erros do passado, traduzem uma tendência nobre, e é a maior força capaz de nos socorrer, se nos mobilizarmos. Por isso, meu querido João Pedro, faço votos que aproveite a oportunidade abençoada no tempo que lhe será concedido, além dos amigos que servirão de sustentação, para fazer o melhor que puder, pois tempo e amigos são patrimônios Divinos. Não podemos abusar deles.

    Fiquei parado, meio confuso. Quis ter certeza de sua orientação, por isso perguntei:

    – Então... Poderei fazer alguma coisa para tentar auxiliar aqueles a quem prejudiquei?

    Com expressão singela e algo doce traduzido em paz, ela respondeu:

    – Faço votos que tenha grande reserva de serenidade e entendimento no coração, pois nunca colhemos sem antes semear. E semear exige paciência. No passado, lançou sementes de contrariedade e precisará de muito amor para tornar a terra fértil em compreensão.

– Obrigado – eu disse somente. Estava emocionado. Tocado demais. Cheguei a pensar: quem era eu para ter aquela oportunidade? Seria capaz de harmonizar uma situação tão difícil que foi a de tirar uma vida e aliviar a própria consciência?

Eu não sabia exatamente o que me esperava, mas confiei no desejo de reparar. Confiei em Deus.

Havia um enigma em suas palavras que eu só entenderia depois. Era impossível não acreditar naquele anjo.

Schellida sorriu gentil e lindamente. Com delicadeza e beleza indizível na expressão, virou-se para Erick e inclinou-se levemente. Ele, ao seu lado, ainda estava na mesma posição. Parecia reverenciar com respeito e prece. Foi então que ela, com um toque suave em seu ombro, afagou-o dizendo bondosamente:

– É chegada a hora de partir. Outras tarefas me aguardam e você vem comigo. – Virando-se para os demais, agradeceu: – Muito obrigada pela presença, pelo auxílio no trabalho realizado em nome do Mestre Jesus, pela sustentação e empenho.

Élcio, que pareceu entender a finalização daquela reunião para nós, levantou-se e agradeceu com respeito:

– Obrigado pela oportunidade – e ela respondeu com um sorriso.

Sem que me pedisse, também me ergui, mesmo querendo permanecer ali, ao lado daquele ser em forma de luz. Agradeci:

– Obrigado, Schellida – emocionei-me. – Farei além do que estiver ao meu alcance.

Parado atrás de mim, com a mão em minhas costas, Élcio me conduziu para que saíssemos, quando ainda a ouvi dizer:

– Que o Mestre Jesus o abrigue em suas bênçãos de amor e paz.

Quando a olhei, estava com a mão estendida em nossa direção. De sua palma, luz cintilante espargia. Notei também que ela estava envolta em uma aura linda, divina, quase violácea.

Saímos do auditório.

Olhei para Élcio que, mesmo sorrindo, tinha os olhos empoçados em lágrimas.

– Agora eles vão esperar por mais algumas orientações voltadas para os diretores e instrutores deste Posto e depois vão encerrar a reunião. É aí que ela se despede – disse o amigo.

– É sempre assim quando ela aparece? – perguntei.

– Na maioria das vezes sim. Existe uma aura de paz onde ela está e não queremos nos afastar nunca. Foi isso o que sentiu?

– Sim. Foi. Eu não queria ir embora.

O amigo sorriu, concordando comigo, e ainda contou:

– Os encarnados, dotados da faculdade de clarividência ou vidência, quando a veem, ficam emocionados com sua luz. Os que tão somente têm a bênção de senti-la, experimentam uma sensação de emoção indescritível e muita paz. A maioria traduz dessa forma os sentimentos.

Capítulo 10

A família de Tadeu

Passei aquela noite inteirinha relembrando o que havia acontecido. Eu era capaz de recordar cada uma de suas palavras e até daquele perfume celestial que, mesmo suave, impregnava o ambiente.

Era um cheiro de rosas, mas quando queríamos sentir mais, ele sumia, e quando aproveitávamos o aroma sem intenção de senti-lo mais forte, ele se destacava. Não sei se conseguem me entender.

Nos primeiros raios de luz da manhã, Élcio me levou até a coordenadoria daquele Posto de Socorro onde Erick, Álvaro e Igor se reuniam.

Esperamos que terminassem e entramos na sala. Pareciam conversar sobre assuntos relativos à reunião.

Sempre simpático, amistoso e sorridente, Erick nos recebeu de forma acolhedora.

Após me cumprimentar, pediu:

– Sente-se, João Pedro. – Foi o que fiz, e ele prosseguiu com aquela serenidade no olhar que lhe era característica: – Estudei muito bem o seu caso e acredito que ele merece atenção. Como a própria Schellida afirmou, não temos aqui ou em qualquer outro lugar, criaturas prediletas ou protegidas, ou seja, não auxiliamos alguém só porque esse alguém é um amigo. Fazemos algo ou auxiliamos quando essa criatura está preparada para o crescimento. Não é difícil acontecer de alguém receber recurso e depois se ver em situação pior, mais complicada por conta disso.

– Entendo – comentei.

– Você está se mostrando perseverante desde que rogou socorro e foi atendido. Lutou muito contra os desejos do vício pelo qual se escravizou.

Erick fez breve pausa e eu aproveitei para dizer:

– Posso afirmar que venci aqueles desejos infernais que me enlouqueciam, mas só consegui por causa de toda a ajuda, de todo o amparo que recebi. Serei eternamente grato. Hoje quero atuar, trabalhar sem desânimo para recompensar ou mostrar meu reconhecimento e amor, se é que isso será possível de tanto que me sinto grato.

– Fico imensamente satisfeito por vê-lo assim tão disposto. Quando trabalhamos, atuamos positivamente, nós nos recompomos e nos elevamos. Não há benefício espiritual melhor para o ser. – Fez breve intervalo e continuou: – Eu entendo que uma das coisas que mais o incomoda hoje é lembrar que tirou a oportunidade de vida de alguém com o aborto. Mas não é só isso. Para chegar a ponto de levar aquela moça para fazer o aborto, é porque seu egoísmo e sua indiferença pelos outros estavam em nível extremo. Não se importou com ela nem com ninguém. Pensou só em você, na sua liberdade comprometida pelas obrigações da paternidade. Hoje está mais consciente de que não basta somente estarmos bem, enquanto os outros sofrem com o resultado das nossas atitudes, do nosso egoísmo e da nossa arbitrariedade.

Abaixei a cabeça envergonhado. Quando pensamos em nosso bem-estar e não nos importamos com os outros, fazemos sofrer. Somos egoístas e, certamente, sofreremos um dia por causa disso. Só não sabemos quando. Eu precisei sofrer muito, quebrar a cara de verdade para aprender isso. Que pena de mim pelo tempo perdido! Como fui imbecil.

Olhei para Erick que, com a feição serena, comentou, afetuoso:

– Partiremos hoje à tarde para atividade de observação e, na medida do possível, de auxílio. Rogaremos ao Alto por fortaleza, serenidade e prudência, a fim de sermos instrumentos de amor. A princípio, como eu disse, iremos observar.

– Obrigado, Erick. Estou ansioso.

Levantei e, num impulso, abracei-o emocionado.

Naquela tarde, conforme os planos, eu e o instrutor amigo iríamos até a casa onde morei quando encarnado.

Fiquei muito feliz e surpreso quando soube que Élcio e Tadeu nos acompanhariam. O primeiro para auxiliar Erick e o segundo para agregar conhecimento.

A residência estava muito, muito diferente. Quase irreconhecível, em nível espiritual. Muito clara, com energias salutares em forma de luz sublimada que espargia dela.

Uma felicidade invadiu meu coração. Ao me ver sorrindo, Erick se aproximou e explicou:

– Precisamos entrar para que entenda o que existe aqui hoje.

Imaginei que minha mãe, meus irmãos e meu sobrinho haviam elevado o nível mental e, consequentemente, o nível espiritual. Por essa razão, nossa residência estava agora tão limpa e abrilhantada. Um milhão de vezes melhor do que quando saí dali.

Acreditei que todos tinham outras atividades, outras práticas, um novo comportamento, um nível mental mais equilibrado, estivessem ouvindo outras músicas e fazendo coisas mais saudáveis para que, no plano espiritual, tudo ficasse tão elevado daquele jeito.

Passamos pela entrada e, já na sala, estranhei. Não havia os móveis de antes, a estante. Onde é que estava a sala de jantar de minha mãe?

Cadeiras postas uma ao lado da outra, faziam formação semelhante à sala de espera e pessoas estranhas estavam sentadas ali. Mais à frente, um balcão com três recepcionistas atendendo os que chegavam ou falando ao telefone.

O que era aquilo? Fiquei assombrado.

Erick procurou por um companheiro desencarnado que pudesse nos orientar.

Ao nosso encontro, rapidamente, veio um espírito com aparência de senhor, grisalho e calvo. Sorridente, cumprimentou nosso instrutor que se apresentou:

– Pode me chamar de Erick. Estou aqui com dois aprendizes e um auxiliar – apontou com discrição para nós. Depois me indicou – João Pedro residiu aqui com a família há alguns anos e queríamos notícias de seus familiares.

– Sou Marcos, mentor dos trabalhos espirituais desta casa. Meu pupilo encarnado é médico e atua na área pediátrica. Ele comprou esta residência há cerca de catorze anos. Aqui vivia, de fato, uma mulher com um casal de filhos adultos e um neto. Creio que são os parentes de seu tutelado João Pedro. Assim que vendeu a casa, por questões financeiras, mudaram-se para outro lugar. No plano espiritual, essa residência nos deu muito trabalho. O nível das entidades que permaneceram aqui era incrivelmente deplorável, tanto que oferecia dificuldades até para o meu pupilo atuar. A princípio, ele teve problemas para reformar. Teve prejuízos... tudo por conta da imantação desequilibrada que existia. Mas, como o amigo sabe, não há o que vença o amor e o bom ânimo. Então, diante da perseverança de meu pupilo Guido e de sua esposa, excelente médium e muito otimista, e que realizou, incansável e diariamente, a leitura do Evangelho, novas energias foram criadas e somadas ao magnetismo que veio em socorro. Os espíritos incompatíveis desapareceram e, em pouco tempo, tudo se organizou. Montaram a clínica. Outros trabalhadores na área de saúde se juntaram a ele e agora realizam aqui diversos tipos de atendimentos e tratamentos. Graças à evangelização de todos, o auxílio à saúde não fica somente no plano físico, mas também no plano espiritual, e isso faz incrível diferença. – Fez breve pausa e contou: – Tudo aqui mudou. A vizinhança, tão incomodada com os moradores anteriores, vibram de forma extremamente positiva, auxiliando-nos muito com energias bastante elevadas e salutares.

– Vejo aqui um belíssimo trabalho – ressaltou Erick, admirado e feliz. – Sabe dizer algo sobre os antigos moradores?

– Não. Lamento, mas... Como sabe, não nos ligamos ao que não é bom e deixamos que sigam o seu curso.

– Obrigado, Marcos. Que o Mestre Jesus abençoe a tarefa realizada aqui.

– Quando quiser ou necessitar de demonstração de casos para aprendizes, aqui é ótimo lugar. Sinta-se convidado.

– Obrigado. Creio que vou aceitar seu convite sim, em futuro breve.

Nós nos despedimos.

Não sei por que, mas, por um momento, eu senti que o instrutor já sabia que minha família não residia mais naquela casa.

Quando seguimos adiante, ele confessou:

– Não era nada saudável sua mãe e seus irmãos continuarem morando ali. As energias negativas, as vibrações pesadas, que eram direcionadas por todos os vizinhos insatisfeitos, sem exceção, envolviam a todos de forma hostil. Aos poucos, todo magnetismo inferior oferece complicada imantação que passa a dominar a mente, o físico e atrai, não só as tormentosas condições corpóreas e mentais, como acontecimentos e particularidades infelizes, angústia e infortúnios de toda espécie.

– Você sabia que eles não estavam morando mais ali? – perguntei.

– Sim, sabia. Porém queria mostrar e orientar o que é a transformação de um lugar. Deve-se lembrar muito bem de como era sua casa, em nível espiritual, pelas práticas dos encarnados. Os costumes, os palavreados, as músicas, a bebida alcoólica, as drogas, o sexo desequilibrado... Tudo isso proporcionava atração de espíritos de um nível incrivelmente inferior. Hoje, o ambiente espiritual é completamente diferente. Tarefeiros espirituais que atuam em benefício da saúde física, mental e espiritual, estão empenhados ativamente para proporcionar alívio e equilíbrio a quem chegar ali. Eles só encontraram essa oportunidade por conta dos desejos e empenho dos encarnados. Sem dúvida, uma espécie de limpeza espiritual e libertação daqueles domínios foi feita por aqueles que atuam em favor do bem. Por isso encontramos ali um lugar incrivelmente saudável e de tamanha luz, repleto de bênçãos.

Senti-me constrangido e comentei:

– Cheguei a pensar que minha mãe e meus irmãos teriam melhorado o nível moral. Mas acho que isso é impossível, não é?

— A mudança sempre é possível — tornou o instrutor.

— Estou envergonhado — comentei.

— Você não é o único — disse Tadeu, que era de poucas palavras. — Estou imaginando como deve estar a casa onde vivi. Minha vida não foi diferente da sua. Aliás... penso que foi pior.

Duvidei que pudesse ser pior, mas pedi:

— Quer nos contar a sua história?

O amigo ofereceu sorriso forçado e disse:

— Quem sabe em outro momento.

— Por que não vamos até a casa de Tadeu? Estamos perto — propôs Élcio animado.

— Não seria melhor deixar para outro dia? — tornou Tadeu.

Erick sorriu:

— Vamos lá agora. Assim acabamos com sua angústia. A casa de sua família fica em nosso caminho. O exemplo de mudança que veremos lá é ótimo. Mostra que todos podem conseguir. Basta quererem. Apesar do que, João Pedro — olhou para mim e sorriu —, vamos atrasar um pouco nosso objetivo.

Não demorou e estávamos diante de uma residência simples, embora bem pintada. Os muros eram baixos, com balaustrada antiga e um jardim bem florido que tinha acabado de ser regado.

Entramos e, na pequena área, próximo da porta da sala, samambaias belas e compridas iam do teto ao chão. Muito lindo. O próprio Tadeu pareceu surpreso.

Entramos em uma sala singela em que o sofá grande e duas poltronas, de modelos bem antigos, estavam cobertos por capas floridas. A televisão antiga, desligada. Na parede, quadros velhos, porém com paisagens bem bonitas. Na mesa do centro da sala, uma jarra de água servia como vaso para algumas margaridas colhidas do jardim.

– Acho que minha família se mudou também – julgou Tadeu.

– Não. Ainda moram aqui – informou Erick bem seguro.

De repente, atraído pela nossa presença, um espírito veio em nossa direção nos receber.

Sorriu educado e, receptivo, apresentou-se:

– Sejam bem-vindos. Sou Nélson, mentor deste lar.

Nosso instrutor o cumprimentou e nos apresentou também, apesar de Tadeu já ser um conhecido de Nélson.

– Que bom vê-lo, Tadeu! Está tão bem! Diferente de quando o vi pela última vez – disse o anfitrião.

– Desculpe-me, mas... Não me lembro de tê-lo visto – respondeu Tadeu, exibindo constrangimento.

– Lógico que não. Seu nível era outro – tornou Nélson.

– Mas... Estou estranhando tudo por aqui. Sei que é a mesma casa, só que não parece. Minha família ainda mora aqui? – Tadeu perguntou, parecendo não ter acreditado no que nosso instrutor tinha afirmado.

– Claro que sim – disse Nélson.

– E onde estão? O que aconteceu por aqui? Lembro que tudo era tão... bagunçado, no plano físico, e pior ainda no plano espiritual.

– Mudanças, meu querido! Mudanças para melhor, por conta da dor – explicou Nélson. – Alguns irmãos necessitam de experiências que os chame à vida mais equilibrada e saudável.

Aproveitando a pausa, Erick sugeriu:

– Conte-nos melhor o que aconteceu por aqui, Nélson, se Tadeu não se importar.

– Claro que não me importo. Pode contar – sorriu sem jeito.

Nélson observou bem Tadeu, sorriu de forma afetuosa e nos contou:

– Euclides, pai de Tadeu, sempre foi um homem que não se preocupava muito com o lado moral da vida. De fanfarrão, quando solteiro, quis mostrar-se homem mais sério, diante dos familiares, depois de casado. Mas só diante dos familiares. Os filhos, para ele, eram motivo de orgulho só por ser pai. Nada mais. Ele não ajudou a educá-los nem com qualquer outro cuidado. Vivia em bares e encontros com amigos

iguais a ele, enquanto a esposa, sozinha, matava-
-se para cuidar da casa e das crianças. Por ser fraco,
envolveu-se com outra mulher. A amante procurou
pela esposa e fez escândalos. Não suportando, Celina,
mãe de Tadeu, mandou o marido sair de casa. Não
demorou e Euclides perdeu o emprego em momento
de crise financeira no país. Desempregado, a amante
o abandonou. Ele passou a beber. Ficou muito doente
e descobriu-se portador do vírus HIV. Desesperado,
procurou pela ex-mulher, que dava um duro danado para manter a casa e os quatro filhos. Ao ver as
condições de Euclides, que virou morador de rua e foi
rejeitado pelo resto da família, Celina aceitou cuidar
dele e dar-lhe um teto para morar, além da comida.
Afinal, ele era pai de seus filhos.

    Nessa época – prosseguiu Nélson –, não havia
medicamentos tão específicos como os retrovirais
para auxiliar na baixa imunidade que o vírus HIV
provoca. Nos momentos em que se recuperava um
pouco, Euclides pegava o dinheiro ou objetos que
encontrava e saía para beber. Voltava embriagado.
Seu comportamento incomodava a todos, que não faziam nada. Então, no início da adolescência, os filhos
não queriam mais ficar dentro de casa observando
cenas tão desagradáveis que todo alcoólatra propor-
ciona. Quando não estava bêbado o suficiente para
cair na cama e dormir, o que também incomodava

imensamente, Euclides brigava e falava muito. Na maioria das vezes, ele expressava o "estado do porco" provocado pela bebida.

– "Estado do porco"? O que é isso? – perguntei curioso.

Nélson sorriu e respondeu:

– A bebida alcoólica provoca estados físicos e psíquicos. Costuma-se dizer que o último estado que a pessoa experimenta, quando bêbada em demasia, é o estado em que urina, evacua ou vomita ou tudo isso junto. Algumas, de tão anestesiadas pelo efeito do álcool, não tem noção do que fazem, não reagem e, por perder o controle, permanecem por longo tempo nesse estado precário, fedido, nojento. Costuma-se chamar isso de "estado do porco", devido à semelhança.

Fiquei enojado e me corrigi ao fazer uma careta para expressar o sentimento. No mesmo instante, eu me lembrei das inúmeras vezes que fiquei nesse "estado do porco" por ter bebido muito. Nesse momento, senti vergonha de mim e sem o direito de criticar. Eu não podia atirar nenhuma pedra, fosse no que fosse.

Nélson, por sua vez, continuou:

– Quando Euclides não se embriagava o suficiente para perder os sentidos, quebrava tudo o que podia dentro de casa. Brigava e agredia os filhos e a mulher. Por causa disso, os filhos não encontravam clima para ficar em casa. Foi então que começaram a se envolver com companhias de baixo nível, amigos duvidosos... Passaram a fumar, beber... Não demorou e conheceram as drogas.

Tadeu e seu irmão mais velho, o Tomás, precisavam manter o vício e, para isso, passaram a furtar, que é apropriar-se de algo alheio sem o emprego de violência ou arma. Depois vieram os roubos, que é a apropriação mediante violência ou uso de armas, coação. Em seguida, os assaltos, que é a invasão de propriedades, até chegarem ao latrocínio, que é o roubo seguido de morte.

Enquanto isso, as duas irmãs de Tadeu, Mercedes e Lenita, também por causa do uso e da dependência das drogas, cometeram vários delitos como furtos, roubos e a inevitável prostituição.

Celina, que precisava trabalhar muito para manter a casa, os filhos e o ex-marido doente, viu-se desesperada, sem muito o que fazer. Conversava com os filhos, falava, explicava, repreendia, mas...

Com a maioridade, durante um assalto a uma residência, onde fizeram reféns, Tadeu foi baleado e morto. Seu irmão Tomás foi preso. Condenado, não só por aquele crime, passou vários anos na penitenciária. Mercedes, bem novinha na época, foi presa um mês após completar dezoito anos por tráfico de entorpecentes. Ela saiu da cadeia alguns anos depois, muito doente e bastante acabada, portadora também do HIV. Lenita, por ser menor, foi apreendida por praticar furtos, prostituição e outros delitos. Voltou para casa quando completou dezoito anos.

Enquanto tudo isso acontecia, Celina, vencida pelos tormentos e pelas preocupações, teve a mente afetada e seu estado psicológico incrivelmente abalado. Por tudo isso, foi inevitável a doença da Depressão.

Mas ela, mulher que sempre foi guerreira, vencendo as dores da alma e as do corpo, continuava trabalhando. Ela era capaz de ouvir minhas inspirações mais sutis e lutar contra a força desse mal que sempre acompanha espíritos inferiores como aqueles levados pelo ex-marido e pelos filhos.

Celina teve a oportunidade de se aposentar como enfermeira. Mesmo aposentada, continuou trabalhando.

Assim que a filha mais nova saiu da instituição para menores, Celina decidiu que trabalharia meio período para poder cuidar da filha, muito abalada. Nessa época, Euclides desencarnou vítima da AIDS. Foi quando, inspirada por seu mentor, uma vizinha a convidou para assistir a uma palestra em uma Casa Espírita e Celina aceitou. De frequentadora, passou a estudante do Espiritismo e o conhecimento passou a libertá-la da Depressão.

Nessa época, os medicamentos retrovirais já estavam em uso para diminuir as agressividades causadas pelo vírus HIV, mas a Depressão e a Síndrome do Pânico castigavam imensamente Mercedes, quando saiu da prisão.

Por isso, Celina aceitou trabalhar uma noite sim e outra não como enfermeira, em uma casa de família, para cuidar de um senhor idoso. Fez isso para ficar mais tempo com as filhas, orientando e cuidando delas. Dormia pouco e trabalhava muito.

O filho desse senhor idoso precisava de ajudantes para trabalhar em sua empresa de tapeçaria artesanal e Celina falou sobre as filhas. Contou sobre a dificuldade que passaram e pediu uma oportunidade. O homem aceitou, em caráter experimental, pois ninguém gosta de empregar ex-detentos.

Empregadas, Lenita e Mercedes foram se recuperando dos males e das lembranças que as castigavam. A mãe também as levava para a Casa Espírita, onde começaram a estudar a Doutrina e a conhecer os ensinamentos elevados.

Tomás também saiu da cadeia, muito abalado por tudo o que sofreu lá dentro, lugar onde colheu exatamente o que plantou.

O homem, que empregou Lenita e Mercedes, orientou Celina para levar para casa serviços de redes de balanço para o filho fazer. Era algo bem artesanal que poderia ser feito longe da empresa. Para ensinar o rapaz, ele designaria um funcionário por alguns dias.

Celina e os filhos empregaram, em sua vida, as mudanças de pensamento, palavras e ações que aprenderam na Doutrina Espírita. Isso se tornou algo comum, leve, que melhorou a vida de todos.

O senhor idoso que Celina cuidava partiu para a Pátria Espiritual e ela passou a trabalhar na empresa com as filhas. O filho mais velho também foi admitido como funcionário.

Tomás ainda enfrenta os prejuízos causados pelo uso de entorpecentes. Sua mente não é ágil como antes. Necessita ser assistido por um médico psiquiatra e um psicólogo. Faz uso de medicação psiquiátrica, mas está liberto da dependência das drogas e do álcool. Trabalha, embora suas tarefas tenham de ser leves e específicas. Frequenta a Casa Espírita e, apesar da dificuldade mental, ele se propôs a fazer um curso básico de informática, a fim de investir em conhecimentos pessoais.

A mudança comportamental de todos, que são os princípios fundamentais da educação e do respeito, criou um clima benéfico naquela casa que hoje pode ser chamada de lar.

Espíritos de extrema inferioridade que viviam aqui antes, perturbando, explorando as energias de todos, partiram, pois passaram a ser incompatíveis com as preces harmoniosas e diárias que todos realizam.

Esse é o resumo da história – desfechou Nélson.

Neste momento, uma mulher robusta, cabelos compridos e com alguns poucos fios grisalhos, chegou à sala. Vi nos olhos de Tadeu um brilho especial ao dizer:

– Esta é Lenita! Minha irmã caçula.

Observamos que ela sorriu ao falar com alguém que estava em outro cômodo.

Não demorou e apareceu Mercedes, respondendo educada às questões da mais nova, pois as irmãs brincavam ao conversar.

Nós a acompanhamos até outro cômodo onde Celina estendia uma toalha sobre a mesa, espalhando pratos, colheres e guardanapos diante das cadeiras. Era uma senhora com as marcas do desgaste do tempo e das dificuldades vincadas no rosto. Porém sorria e participava, com bom ânimo, da conversa das filhas. Era uma senhora vitoriosa.

Lenita se afastou e voltou conduzindo Tomás, fazendo-o se acomodar à mesa. Percebemos a tristeza de Tadeu ao observar as dificuldades e limitações do irmão por causa do consumo de drogas que afetaram seu cérebro, retardando-o.

Celina serviu cada prato com a sopa quente de um caldeirão, colocou um cesto com pães sobre a mesa e foi a última a se sentar.

Todos silenciaram, cerraram os olhos e Mercedes agradeceu a Deus com uma prece simples, sem muito enfeite com as palavras, porém de uma sinceridade impressionante:

– Senhor Deus, nosso Pai Eterno, agradecemos por este momento em nosso lar onde estamos juntos em harmonia e paz. Abençoe, Deus, este momento e este alimento precioso que vai nos recompor. Que sejamos dignos de suas bênçãos. E que possamos, Senhor, distribuir essas bênçãos de muitas formas a outros nossos irmãos. Que assim seja. Graças a Deus.

Em forma de coro, todos confirmaram:

– Graças a Deus.

Neste momento, uma luz cintilante se projetou do Alto sobre eles e sobre o alimento. Eram as bênçãos que solicitaram e se derramaram naquele lar.

Tadeu se emocionou e chegou às lágrimas, comentando:

– Nunca pensei em ver minha família assim...

– Em cada refeição é a vez de um orar para rogar graças e recebê-las – tornou Nélson. – Aliás, é bom comentar que é sobre o que conversamos ou sobre o que existe no ambiente no momento das refeições que os alimentos se impregnam antes de entrar em nosso corpo.

Erick sorriu e, benevolente, aproximou-se de Tadeu. Ao sobrepor a mão em seu ombro, disse:

– Meu querido, creio que agora está com o coração aliviado. Podemos ir. Aliás, já está bem tarde.

– Virando-se para mim ainda falou: – visitaremos os seus parentes.

Gostei de saber disso. Fiquei ansioso.

Dali, retornamos ao Posto de Socorro e nos recolhemos.

Eu não via a hora de chegar o momento de ver minha família.

Capítulo 11

O mundo do crime

Fiquei pensando muito no que vi na casa dos familiares do amigo Tadeu. Imagino que não foi fácil mudar. Imagino como foi a dor, as dificuldades que enfrentaram... E venceram.

Percebi que Tadeu também pareceu se transformar para um ser ainda melhor depois que observou o progresso de seus parentes. Ficou cheio de bom ânimo, sorridente, e até passou a conversar mais.

Os efeitos físicos e a dependência química que as drogas proporcionam são do conhecimento da maioria, no entanto, sobre a dependência psicológica quase ninguém fala. O usuário de drogas o faz, muitas vezes, para tentar se livrar de problemas, ignorando ou não acreditando que vai encontrar problemas maiores que podem varar encarnações. Quando usa drogas, a pessoa não dá importância a fatos interessantes. Ela se acha imortal. Não dá o menor valor à vida. Tudo, para o usuário, não tem importância. Quando ele se incomoda com algo, de verdade, fica revoltado. Essa revolta, normalmente, torna-se violenta. Pode-se afirmar que o usuário de drogas vive nos extremos. Ou não dá importância aos valores morais, financeiros, físicos e espirituais ou quer matar e morrer por conta deles, ou seja, o usuário de drogas não tem equilíbrio, por isso não consegue largar os entorpecentes.

Já ouviram a frase: "Mundo das drogas"? Essa frase é lógica porque a palavra mundo abrange tudo e todos. Direta ou indiretamente.

A droga e aqueles que lidam com ela, não se restringem às camadas sociais e econômicas específicas. Não se restringem à dogma, religião, sexo, etnia, grau de instrução. As drogas existem e atendem àqueles que a ela procuram como uma "mãe" que acalenta o filho imaturo que precisa de sua atenção.

Os problemas das drogas não se limitam ao vício ou aos viciados e suas famílias. Eles vão além, muito além. É um buraco sem fundo visível. Não é um problema particular, e sim algo que vai muito além e é muito grave.

Já ouvi gente dizer: "Meus filhos são espertos. Estão criados e ninguém lá em casa nunca se envolveu com drogas! E a isso damos graças a Deus". Só que não é bem assim. A sociedade, em geral, principalmente os que não estão envolvidos com drogas, não se preocupa com a questão e o assunto cai no esquecimento. Não sabe que estamos, todos, sujeitos a sermos afetados por essa desgraça. Sim, as drogas são uma desgraça.

Vou explicar melhor.

As drogas consomem os recursos do viciado, como: saúde mental, física e financeira. Nem vou falar da saúde espiritual. Isso afeta a família à medida que o equilíbrio psicológico e emocional do viciado é afetado. Depois, vem o comportamento insociável, dentro e fora de casa. Ele, o viciado, não consegue mais estudar, trabalhar ou se divertir de maneira saudável e produtiva. Tudo é afetado. Logo vem o desespero do vício e a sensação de que ninguém o entende. O sentimento de rejeição, que acredita receber da família, dos amigos e da sociedade, cerca-o o tempo todo. Em outras palavras, o usuário acredita piamente que ninguém o entende, ninguém o ama, ninguém o quer. Então, ele carrega consigo aquele sentimento de revolta por não acreditar que tem vínculos familiares e sociais. Posso afirmar isso, porque fui um.

Por outro lado, as drogas têm um custo financeiro que o consome, materialmente falando.

Cedo ou tarde, ele vai chegar ao fundo do poço e necessitar, desesperadamente, manter o vício, pois os desejos, o desespero inominável para consumir cada vez mais, são extremos. A vontade de aumentar a quantidade de drogas para sentir efeitos mais fortes e diminuir os intervalos entre um uso e outro, é desesperadora.

Nessa altura, com a mente debilitada, é diminuída a capacidade de raciocínio e de ponderar, refletir, pensar sobre questão tão séria e importante. Ele perde o controle.

Com o uso da droga, a pessoa se acha o máximo! Faz de tudo! Se acha o tal! É capaz de ferir, furtar, roubar, estuprar, matar por motivo fútil e se envolver em tudo o que é degenerativo, física, moral e espiritualmente. E digo mais, não é só por prazer, por se achar o tal que ele, o viciado, comete esses crimes, é para sustentar, financeiramente, o vício que ele se lança em latrocínios, assaltos, roubos, furtos...

É aí que pessoas inocentes da sociedade entram em cena.

Sabe aquela pessoa que disse que não tem nada a ver com as drogas porque os filhos estão criados e são espertos e tudo mais... Lembra? Ela ou o filho podem ser os próximos a serem assaltados e mortos por um usuário de drogas, quando parados com o carro no semáforo; a mulher grávida que leva alguns tiros porque foi roubada por alguém que precisava de dinheiro para usar drogas; o estudante agredido e morto por causa do telefone que, vendido, transforma-se em dinheiro para comprar drogas... Todos esses acontecimentos revoltantes são, normalmente, resultados da ação pelas drogas na mente do usuário, pois o produto que ele consegue com o roubo é, sempre, para comprar drogas.

O mundo das drogas e dos crimes está normalmente vinculado aos viciados e seus vícios. Somado a isso, entra a prostituição de adultos e menores, além dos crimes de abuso sexual. Nem sempre dá para separar isso.

As pessoas que dizem não ter envolvimento com drogas por não serem usuárias, estão enganadas. Elas não podem viver tranquilas. Temem sair de casa com um relógio bom, com uma aliança de ouro, com um celular caro, com um carro, com um computador portátil... Temem ser reféns de bandidos, assaltos, sequestros... Temem sair de casa, devido aos riscos contra sua vida. Temem por seus parentes, por seus bens...

Existem os infelizes defensores da maconha, por exemplo. Esses estão falando somente pelo seu prazer em usar tal droga. Dizem que não se viciam com ela, mas eu não vejo os viciados, os dependentes químicos problemáticos terem chegado ao grau que chegaram de dependência sem antes ter fumado um cigarro e depois a maconha. Ninguém aprende a nadar fora da água. A maconha é a borda da piscina em que muitos se afogam.

Aqueles, financeiramente estabilizados, como eu já fui quando encarnado, que compram drogas para consumo próprio e acreditam não fazer mal a ninguém, estão extremamente enganados. De qualquer forma, eles estão contribuindo para o crime.

Para chegar até esse consumidor, alguém precisou traficar. O tráfico de entorpecentes exige armas, homicídios, "escravos" ou "mulas", que são as pessoas que trabalham para os traficantes, muitas vezes, coagidos. Para chegar até o consumidor, muitas vezes, alguém precisou engolir pacotinhos com entorpecentes e viajar com eles nos intestinos. Muitos desencarnam antes de completar o percurso exigido. Normalmente, para se submeter a isso, a pessoa passou no fundo do poço e se vendeu, prostituiu-se, tem incontáveis débitos e é obrigada a tal façanha, e talvez até tenha algum parente como refém. Não é só isso, muitas outras coisas acontecem até aquela erva ou aquele pozinho irem para as mãos dos "filhinhos de papai".

A venda de drogas mobiliza o tráfico de armas para a distribuição das próprias drogas. De posse das armas, bandidos coagem pessoas, praticam sequestros, roubam e matam para angariar dinheiro para comprarem drogas e sustentarem o vício.

Esse mundo das drogas é um círculo. Não tem começo nem fim. Envolve cada pessoa da sociedade, cada cidadão, cada família, jovem ou criança, direta ou indiretamente.

É preciso ter conhecimento e opinião sobre as drogas e passar esses valores para os filhos, amigos e conhecidos.

Não basta dizer que é contra o uso de drogas. Precisamos ter um lado, uma opinião, e dizer por que somos contra as drogas.

Muitas coisas passaram pelos meus pensamentos naquela noite e quando o sol iluminou a manhã de forma radiante, Élcio veio à minha procura.

Nós nos reunimos com o instrutor Erick e o amigo Tadeu, que estava radiante, por causa da visita do dia anterior.

Saímos.

No caminho, o instrutor chamou nossa atenção para garotos escolares, reunidos para fumarem cigarros.

– É assim que começam – Tadeu se manifestou. – Primeiro o cigarro comum, a bebida, e logo chegam aos entorpecentes. O porte, mesmo que de pequena quantidade de entorpecente, deveria ser crime no Brasil. Coisa que hoje não é. Todo vício começa com doses pequenas. Depois, quando aumentam, o usuário parte para as apropriações indébitas e pequenos crimes para sustentar-se no vício, até chegar às ocorrências que revoltam a população.

– Isso mesmo. Como já ouvi a Schellida dizer: "ninguém aprende a andar de moto, sem antes se equilibrar em uma bicicleta" – concordou Erick.

Reparei os desencarnados de nível muito inferior que se uniam aos garotos, inspirando-os. Lamentei em pensamento.

Logo Tadeu contou:

– Depois que meu pai saiu de casa, passamos por momentos difíceis. Ele não ajudava financeiramente e passamos um pouco de necessidade. Quando ele adoeceu vítima do HIV, ninguém da família nem a outra mulher quis cuidar dele e a minha mãe o aceitou de volta em casa, fiquei revoltado. Não achei que ela agiu corretamente. Minha mãe se lascava de trabalhar, enquanto ele ficava em casa o dia todo. Pegava dinheiro escondido, vendia objetos da casa, como botijão de gás, relógio, rádio, TV... para pegar o dinheiro e comprar bebida, depois se embriagava. Minha mãe brigava com ele, mas ele era chantagista e, para deixá-la com pena, usava a doença como desculpa.

Quando minha mãe não estava em casa, principalmente, ele nos ofendia, agredia, falava coisas que magoavam... Não havia mais clima para ficar em casa. Então, eu e o meu irmão saíamos com amigos. Nós nos unimos a uma turma e... Aprendi a fumar, primeiro cigarro comum. Depois, ganhei meus primeiros cigarros de maconha. Acreditei, como todo mundo que fuma maconha, que isso não ia viciar. Quando eu quisesse, largaria. Mas não foi o que aconteceu. Imagine só: se o cigarro comum vicia e o fumante de cigarro comum sente extrema dificuldade em parar de fumar, imagina a maconha? – Fez breve pausa. Depois, continuou: – Quando tentava largar, eu ficava nervoso com qualquer coisa que acontecia, aí eu corria e fumava. Sentia algo que me entorpecia. Eu não dava mais importância para as coisas que tinha de fazer, como estudar, ajudar em casa...

Sentia-me seguro com minha turma e aqueles momentos de entorpecimento. Os efeitos da maconha deixavam a mente distante dos problemas. Eram momentos "mágicos" que escondiam, mascaravam o estado infernal que a consciência viria a enfrentar.

Então vieram as primeiras necessidades. O que eu usava não produzia mais o efeito anterior. Eu precisava de mais e cada vez mais. Eu me sentia agitado, ansioso, inquieto e não conseguia pensar em outra coisa senão em fumar maconha, e queria efeitos mais fortes.

Assim como meu pai, peguei dinheiro escondido de minha mãe, vendi objetos e, muitas vezes, coloquei a culpa nele.

Mesmo usando mais entorpecentes e diminuindo os intervalos de uso, os efeitos não eram os mesmos. Eu precisava de mais maconha. Não bastava. Por isso, comecei a praticar pequenos delitos para conseguir dinheiro. Roubei na vizinhança, em semáforos, na rua, na praia ou quando via qualquer oportunidade. Comprei uma arma para ter certeza de êxito nos crimes praticados. Nessa altura, a maconha não era mais suficiente e passei para o haxixe, depois para a cocaína. Era mais caro e eu precisava de mais dinheiro, então, praticava mais crimes.

Fui para a Bolívia e participei mais diretamente do tráfico, não só de drogas, mas também de armas para alimentar o crime, digo, o vício dos viciados.

As pessoas não reparam que conforme aumenta o número de viciados aumenta o número de roubos, assaltos, homicídios e outros crimes.

Meu irmão, embora mais velho, era orientado por mim. Não sei quem estava mais dependente: eu ou ele. Praticávamos assaltos a banco, lojas comerciais, postos de gasolina e gastávamos com farras e drogas.

As pessoas que têm débitos com traficantes fazem de tudo. Tinha um cara que trabalhava em uma empresa de cartão de crédito e era viciado. Era um sujeito "figurão", andava de terno e gravata... Viciado, ele não conseguiu dinheiro para pagar a conta. Então, para saudar parte da dívida, entregou para o chefe do tráfico, os dados de uma família muito bem de vida. – Um momento e pareceu lamentar ao contar: – Infelizmente, isso é muito comum. Viciados que são vigias de banco, garçons, manobristas, frentistas de postos de gasolina, guarda-noturno e muitos outros, entregam dados que facilitam roubos e sequestros como parte de pagamento de suas dívidas e, muitas vezes, isso termina em homicídio... – Nova pausa. – Então nós planejamos entrar na casa que esse "figurão" nos forneceu os dados. Fomos eu, meu irmão e dois comparsas. Durante o assalto, alguém conseguiu chamar a polícia. Eu estava agitado, nervoso demais. Peguei uma moça como refém para chegar até a janela a fim de negociar uma fuga, mesmo sabendo que seria impossível fugir dali.

Houve troca de tiros e os policiais invadiram a casa. Eu fui atingido e um dos moradores também morreu. Na confusão, fiquei surpreso. Tinha mais gente naquela casa do que eu poderia imaginar. Não tinha percebido que havia morrido. Tentei lutar com os policiais. Vi meu irmão e os comparsas serem presos e comecei a apanhar muito, muito mesmo, de pessoas que eu não sabia serem espíritos de desencarnados.

Fui arrastado, linchado. Sangrei. Eu me quebrei todo. Aquilo não terminava nunca. – Tadeu fez outra pausa e seus olhos estavam lacrimosos. – Demorei para entender que estava desencarnado. Enquanto isso, apanhei muito, por onde quer que eu fosse.

Estranhei a aparência da cidade onde vivia. Não parecia a mesma metrópole. Era um lugar feio, sujo... Fugi e sentia as dores do tiro que levei e que não parava de sangrar.

Consegui chegar até minha casa e vi minha mãe desesperada, chorando, inconformada com minha morte. Tentei falar com ela, mas... Vocês sabem como é. A casa, no plano físico, era de aparência feia, imunda, mas no plano espiritual, era bem pior. Criaturas que viviam, mesmo desencarnadas, acostumadas ao vício do álcool e das drogas, ficavam por lá, vampirizando todos.

Vi minhas irmãs envolvidas por seres medonhos, defeituosos. Com a região do sexo deformada e exposta de forma bizarra. Seus corpos espirituais também estavam em total desequilíbrio. Na espiritualidade, foi que percebi que elas também faziam uso de drogas e, para sustentar o vício, prostituíam-se. A Lenita, mesmo sendo menor de idade, o que não parecia, vendia-se em casas de prostituição. Era algo horroroso. Mercedes, para pagar dívida de droga, foi traficar entorpecente. Em uma das vezes, não conseguiu sair do país. Foi presa no aeroporto quando tentou embarcar para a Europa.

Minha mãe sofreu muito por nossas práticas. Mas, mesmo com Depressão, tomou as rédeas da situação. Começou a ir à Casa Espírita e orou muito por mim. Eu vivia um sofrimento medonho. Fui muito maltratado. Mesmo caído, não suportando mais, eles continuavam me agredindo.

– Eles? – perguntei.

– Espíritos, também inferiores, que se julgavam justiceiros e acreditavam que deveriam maltratar os traficantes, bandidos e ladrões. Como não podiam fazer em vida, por conta das leis, faziam depois de desencarnados. Você não tem ideia do que acontece, após a morte com os que cometem delitos. Sem contar os efeitos da abstinência pela falta das drogas.

Então eu recebia as preces de minha mãe, que me orientava de forma tranquila. Eu queria ser socorrido, tirado daquela situação sem merecimento, sem mudar de atitude mental. Às vezes, eu ficava longe e só voltava depois de muito tempo. Depois de muitos anos, quando o peso da consciência e o arrependimento por tudo, fez-me querer mudar toda aquela situação, comecei a orar com minha mãe. Primeiro, eu só repetia cada uma de suas palavras. Depois, comecei a orar de forma verdadeira. Não sei explicar como minha mente se ligou ao Alto e atraí socorro bendito. Só sei que eu disse para mim mesmo: "Tadeu, você já sofreu muito. Não precisava ser assim e não precisa mais continuar assim".

E foi lá, na simples Casa Espírita que minha mãe frequenta que fui socorrido. Isso aconteceu antes de meus irmãos saírem da cadeia.

Jurei a mim mesmo nunca mais perder uma única oportunidade de elevação. Por essa razão, eu me esforcei e me esforço tanto para vencer. Ainda tenho fé de corrigir todos os meus erros. Não sei como isso poderá acontecer, mas sei que vou conseguir.

Alguns minutos de silêncio e Erick elogiou:

– Você vai conseguir. É muito esforçado e já entendeu qual o caminho da evolução.

Tadeu simplesmente sorriu.

Capítulo 12

Minha família

Fomos até um bairro simples, na periferia, e nos colocamos diante de uma casa modesta. Senti que era ali a residência de minha família.

Um medo com misto de ansiedade cravou em meu peito. Queria vê-los e poder dizer que eu estava ali e bem. Que sentia saudades e... ...e que os amava.

Entramos. Já na sala, deparamos com uma carga magnética pesada e enfermiça que, por alguns instantes, deixou-me sentindo uma espécie de asfixia, quase um desespero. Reparei que os que estavam comigo também sentiram a mesma coisa.

Olhei em volta e vi dezenas de espíritos decaídos enchendo o ambiente. Eram doentes e, principalmente, viciados nas energias e sensações de encarnados que fazem uso de entorpecentes.

Substâncias em diversos tons escuros, como uma matéria gelatinosa e grudenta, impregnavam, de maneira horrenda, as paredes, os objetos, o chão e o teto.

Repentinamente, os ruídos incômodos da música exótica que foi ligada provocaram vibrações que pioraram as energias, deixando-as ainda mais inferiores e pulsando conforme o som no ambiente.

O linguajar de baixo calão, os palavrões, as insinuações sexuais ou sensuais mencionados naquilo que chamavam de letra de música, envergonharam-me. Além disso, grande grupo de desencarnados, de inferioridade extrema, dançava, meneando-se de modo vulgar, muito baixo, chulo.

De repente, vi uma mulher com abdômen muito avolumado, parecendo em gestação. Ela chegou à sala e gritou alguns palavrões para pedir que abaixassem o volume da música.

Fiquei surpreso ao ver que era minha irmã. Quase não a reconheci. Estava muito diferente e abatida.

Voltei-me para Erick, que pareceu ler meus pensamentos e respondeu:

– Ela não está grávida. Olhe novamente. Ele me auxiliou com um influxo de energia para que eu pudesse observar melhor.

Na região do abdômen de Maria Claudia, no plano espiritual, dava para ver uma ulceração gigante que refletia energias escuras. Espíritos deformados, de tamanhos variados, que não pareciam nada com seres humanos, vampirizavam-na incessantemente. Estavam colados a ela como uma espécie de sucção.

Espiritualmente ela estava deformada. As tatuagens que cobriam quase todo o seu corpo de carne pareciam ganhar vida, movimento, e ter ação macabra no plano espiritual, como se a pele se derretesse.

– O que ela tem? – perguntei assustado.

– Maria Cláudia contraiu vírus de hepatite C quando fez uma tatuagem. Muitos tatuadores e clientes acreditam que é necessário somente trocar e descartar a agulha usada para tatuar. Acham que isso basta para não contaminar alguém. Normalmente, não só a agulha, mas também a tinta usada para tatuagem fica contaminada com vírus e bactérias de diversos tipos. Por isso é necessário descartar, não só a agulha, mas também a tinta. Pena que nem todo profissional sabe disso ou dá importância a isso. Por causa da contaminação da tinta usada para tatuagem, Maria Claudia foi infectada com o vírus de hepatite C e a doença está muito adiantada em seu corpo. Muito debilitada, ela está no aguardo de um transplante de fígado.

Minha irmã, andando com dificuldade, entrou no quarto de onde vinha o som. Ouvimos um vozerio alto e xingamentos. Um rapaz magro e alto ficou irritado e desligou a música, ao mesmo tempo em que chutou a cama.

Era Kleber, meu sobrinho. Como ele havia crescido. Quase não o reconheci.

Nervoso, ele ofendeu sua mãe e logo saiu.

Fiquei triste, penalizado e também muito envergonhado. Queria que fosse diferente. Gostaria de ter chegado ali e encontrado minha família regenerada, vivendo de forma tranquila, cultivando uma vida física e espiritual mais saudável.

Maria Cláudia sentou-se sobre a cama e vi em sua face abatida uma expressão muito amarga.

Desencarnados de aspectos horríveis continuavam ao seu lado.

– Ela, de tanto se desviar de todo e qualquer caminho que conduza a pensamentos e práticas de moral equilibrada, não consegue orar ou se voltar a Deus para se elevar – disse Erick, observando-a.

– Onde está o seu mentor ou anjo da guarda? Ela merece ajuda! – protestei.

– O espírito designado a nos auxiliar, a nos proteger, normalmente chamado de mentor ou anjo da guarda, como você disse, atua, socorre, orienta e auxilia quando nos voltamos para o bem, para o que é bom e saudável. Do contrário, nós temos os mentores espirituais que elegemos ou atraímos por nossos desejos, nossas práticas e nossos pensamentos. Se você quer roubar, acha que seu mentor estará ao seu lado nesse momento? De certo, antes do roubo, ele vai inspirá-lo a não fazê-lo, mas, se insistir na prática, o mentor não vai acompanhá-lo e, certamente, espíritos que costumavam fazer esse tipo de crime estarão ao seu lado incentivando-o. O mesmo acontece quando temos outras ações, práticas sem valor espiritual, que não proporcionam evolução, e sim atraso ao ser – explicou Erick.

– Pensando bem – disse Tadeu –, nosso mentor respeita nosso livre-arbítrio. Se não pode nos ajudar, não precisa estar conosco quando fazemos coisas erradas.

Fiquei mais triste ainda por causa do estado de minha irmã.

Não demorou muito e minha mãe chegou. Reparei que ela estava muito acabada, envelhecida. Embora os anos houvessem passado, tive a impressão de que ela envelheceu muito além.

Sentando-se ao lado de Maria Cláudia, afagou suas costas e perguntou:

– E o Kleber, já saiu?

– Já. Ai, mãe... Não sei mais o que fazer.

– É filha... Deveríamos ter dado limite para esse menino, desde cedo. O mal deve ser cortado pela raiz.

Eu nunca tinha ouvido minha mãe falar assim.

Elas continuaram conversando e o nosso instrutor explicou:

– O sofrimento e a idade, muitas vezes, fazem as pessoas darem atenção àquilo que desprezaram um dia. O lado religioso, o lado filosófico, hoje em dia, principalmente dos jovens, está vazio. Muitos não têm fé ou esperança e, por causa disso, entregam-se a caminhos perigosos, como o das drogas. Isso é o que aprendem com os pais que, cada vez mais, abandonam diálogos tranquilos, conversas amigáveis, exemplos saudáveis junto aos seus filhos. Para que a vida dos filhos tenha sentido, desde cedo, desde o berço, os pais devem ensinar a fé. E a fé se encontra na religiosidade. Um exemplo é quando os pais não se desesperam e têm esperança, seja em qual dificuldade for. Eles ensinam os filhos a terem esperança. É aí que a vida ganha um sentido. O jovem que não tem uma vida voltada à religiosidade, não tem esperança e não se importa consigo mesmo, é um grande candidato ao mundo das drogas. O jovem que não tem diálogos saudáveis com os pais, não se sente amado, não ama a si nem aos outros é um grande candidato ao mundo das drogas. Se quiser que seu filho o ame, coloque amor e tranquilidade ao lidar com ele, sempre. Ouça-o mais, sinta-o mais, veja-o mais. Para que a vida em família seja de amor, é preciso tolerância, exemplos saudáveis e muito diálogo. É importante mostrar ao filho a realidade, a problemática das drogas, da vulgaridade, da promiscuidade. Para isso, os pais precisam ter uma opinião formada a respeito. Está na hora de os responsáveis buscarem informação, caso não saibam o que fazer. Procurarem educadores e psicólogos, não para os filhos, mas para eles saberem o que e como fazer diante dos problemas de como lidar com o filho. É muito comum, hoje em dia, vermos pais rejeitando as opiniões de educadores, acreditando que seus filhos têm razão em tudo e que o professor está sempre errado. Grande engano. É bom lembrar que quem está de fora de uma situação tem uma visão melhor, pois é longe dos pais que os filhos se revelam, muitas vezes. Os professores, os educadores, de uma forma geral, sempre são bons conselheiros. Não devemos ignorar seus apontamentos, e sim lembrar que, no passado, quando um professor tinha mais autoridade, os jovens eram mais bem direcionados na vida. Os educadores, normalmente, dão continuidade a um trabalho de direcionamento que deve começar em casa.

    Foi nesse momento que entrou no quarto um espírito de nível completamente diferente dos outros que estavam ali. Era de nível bem melhor. Tratava-se de Xavier, anjo da guarda de minha mãe.

Ele nos cumprimentou e tendo algo mais importante para fazer não nos deu atenção naquele primeiro momento. Foi para junto de sua pupila.

Após receber sua inspiração, minha mãe comentou com minha irmã:

– O que você acha de colocarmos o Kleber para fazer um tratamento?

– Só se o internarmos, mãe.

– Tem um Centro Espírita aqui perto que eu vi um anúncio de ajuda a viciados. O que você acha de irmos lá para termos mais informações? – tornou minha mãe com o intuito de buscar ajuda para o neto.

– Já perdi as esperanças. Só se a senhora for – desanimou Maria Cláudia.

– Vou falar com o Kleber. Ele não é mau menino. Precisamos só falar com jeitinho. Vamos procurar uma solução para isso. Se não tiver jeito, a gente interna.

Maria Cláudia não deu muita importância, mas minha mãe pareceu cheia de esperança e fé.

Ela se levantou e chamou minha irmã para irem até a cozinha.

Foi então que Xavier se aproximou, cumprimentou Erick e se virou para mim, dizendo:

– Como estou feliz em vê-lo, João Pedro!

– Obrigado – agradeci com simplicidade. Não me lembrava dele.

Percebendo, Xavier comentou:

– Sei que não se lembra de mim. Não estava em um nível espiritual bom para me perceber, enquanto permaneceu com sua família, após o desencarne. – Virando-se para nosso instrutor, Xavier disse: – É um trabalho muito importante o que realizam.

– Conte-nos um pouco sobre o que vem acontecendo com esta família, se tiver um tempinho... – sorriu Erick ao pedir.

– Claro! – animou-se. – Algum tempo após o desencarne de João Pedro, seu irmão Mário Sérgio se envolveu em brigas por causa de entorpecentes. Por vingança, foi atacado e ficou paraplégico depois de um tiro que acertou sua coluna vertebral. Apesar disso, não se livrou do vício e começou a usar o sobrinho Kleber para comprar o que ele precisava. Foi nessa época que o menino começou a fazer uso de drogas também. O uso de entorpecente debilitou a mente de Mário Sérgio, que precisou ficar internado em instituição apropriada. Para isso, a mãe vendeu a bela casa que tinham. Ao receber alta, estava livre do vício, mas não dos danos causados no cérebro pelo uso de entorpecentes. Hoje vive bastante debilitado. Maria Cláudia contraiu Hepatite C. O homem com quem vivia foi embora e ela precisou da ajuda da mãe e voltou a morar com ela. Kleber, que não foi educado para respeitar...

Nesse momento eu não aguentei e o interrompi, protestando:

– Ninguém, nesta família, foi educado para respeitar os outros!

Senti-me gelar quando o olhar penetrante e calmo de Erick se voltou lentamente para mim. Senti-me dardejado e fiquei com vergonha. Calei-me imediatamente com aquela repreensão silenciosa. Com aquela interrupção grosseira, eu mostrava que não tive e ainda não tinha educação.

– Desculpe-me – pedi sem jeito, abaixando a cabeça. Que comportamento feio e infantil!

Xavier, educado, sem tecer qualquer comentário sobre meu desrespeito, tornou a contar:

– O Kleber, que não foi educado ou corrigido para respeitar os outros, não parou para dar atenção às orientações que a avó começou a lhe oferecer. Rebelde, o jovem pode ir ao encontro de aprendizado doloroso, se não for interceptado. É por isso que estamos aproveitando qualquer momento para inspirá-la a tomar uma atitude quanto a um tratamento para Kleber.

– Pelo que podemos observar a senhora, mãe de João Pedro, está mudada, mais inclinada a agir de acordo com o que se prontificou a fazer nesta existência – disse Erick.

– E está mesmo – tornou Xavier. – A dor fez com que a mãe de João Pedro parasse para refletir sobre a razão da existência. Depois da perda do filho, depois de ver a filha tão doente e o outro filho paraplégico, ela passou a se questionar onde falhou, pois observou que sua irmã Celeste e os filhos experimentavam uma vida melhor, por terem sido mais cautelosos, prudentes e respeitosos. Hoje, ela se volta um pouco mais para Deus e para uma vida mais regrada. Parou de beber. Entendeu que a casa, o lar em que os pais possuem vícios, como os de bebida alcoólica, cigarro, grito, brigas, desentendimentos, palavrões, sempre são um mau exemplo para os filhos. Os pais perdem a razão. Eles próprios não são bons exemplos. O que podem exigir dos filhos?

– Minha mãe deveria ter sido diferente. Sua tarefa, como a de toda mãe, era de orientar os filhos. Educá-los a respeitar os outros, repreendê-los quando errados. Ensinar que Deus existe. Agora é tarde.

– Nunca é tarde, João Pedro – Erick afirmou com tranquilidade. – Em qualquer fase da vida podemos ou devemos nos voltar a Deus e às práticas de ações e pensamentos saudáveis. A propósito, não é só da mãe a obrigação de educar e orientar os filhos, o pai tem igual responsabilidade nisso. Seu pai foi omisso, sempre. Ele também não foi um bom exemplo.

Fez-se silêncio.

– Celeste vem orientando a irmã – informou Xavier. – Levou-a ao Centro Espírita, que frequenta, e as palestras vêm lhe fazendo bem.

Lembrei-me da tia Celeste com doce saudade. Posso dizer que foi por causa dela, de suas vibrações e preces que tive o primeiro contato com o socorro abençoado.

~ De repente, não entendi bem a razão, mas me senti atraído para outro cômodo. Outro quarto. Obedeci ao impulso.

Lá encontrei Mário Sérgio assistindo à televisão. Ele estava deitado em uma cama tipo hospitalar. Ao lado, havia uma cadeira de rodas. Foi uma visão muito triste. Meu irmão estava longe de ser o que um dia foi. Suas pernas estavam finas, sem qualquer musculatura firme. O corpo também muito magro. Rosto fino, pálido e olhar absorto. Recolhido para dentro de si como se não tivesse capacidade para entender mais nada.

Ao seu lado, dois espíritos aplicavam-lhe passes para, ainda, auxiliar a libertá-lo de energias densas.

As entidades sorriram para mim, e Xavier explicou:

– Mário Sérgio vem recebendo assistência espiritual na Casa Espírita que sua mãe o levou. Por isso esses irmãos estão aqui. A assistência continua em casa também. Foi com muita dificuldade que se libertou de obsessores terríveis que se ligavam a ele por causa das drogas. Hoje, ainda restam miasmas energéticos, por isso os passes para assistência em nível espiritual.

– Então, aqueles outros espíritos de nível bem inferior que vimos estão aqui por causa de meu sobrinho e minha irmã? – eu quis saber.

– Sem dúvida – respondeu Xavier. – Sua mãe está sendo muito inspirada para orientar melhor a filha e o neto. Ela despertou. Está sendo muito forte. Temos fé que grande mudança ocorra.

Fiquei sensibilizado com o estado de meu irmão ali, abobalhado, com a TV ligada em um desenho animado.

Xavier ainda disse que meu pai continuava o mesmo. Às vezes visitava os filhos e o neto, mas não dava assistência alguma.

Senti uma angústia terrível até Erick se aproximar de mim e dizer:

– Seu irmão está em condições de assistido. Já recebe auxílio espiritual. A tendência, agora, é de evolução. É de melhora.

Ofereci um sorriso leve para o instrutor. Não sabia o que dizer. Ele, por sua vez, acariciou minhas costas, virou-se para Xavier e disse:

– Foi um prazer revê-lo, Xavier. Agora precisamos ir. Voltaremos em breve.

Nós nos despedimos e fomos embora.

❧ É sempre muito difícil aceitar que a família, ou a gente mesmo, viva e se comporte de forma errada, desperdiçando oportunidades valiosas de crescimento, em todos os sentidos, para nos livrarmos de sofrimentos.

Fiquei bastante triste, frustrado. Gostaria de ter chegado àquela casa e ter encontrado uma família equilibrada, vivendo em paz. Seria tão bom se os visse melhor, vivendo com práticas saudáveis, buscando ser melhores, tendo fé, bom ânimo no bem...

Não foi assim. Porém, lembrei-me de orar por eles e orar muito. Deus vai atender minhas preces. Tenho certeza. Se eu ficar só triste e lamentando, nada de bom vou endereçar a eles.

❧ Seguimos.

Durante todo o trajeto não parei de pensar nos meus parentes. Até que chegamos a uma casa muito bonita e nosso instrutor nos apresentou a um espírito de nome Israel, mentor ali. Por afinidade e nível de elevação, ele reconheceu Erick em sua tarefa e abriu largo sorriso de satisfação por aquela visita.

Nosso instrutor, assim que pôde, contou para Israel o motivo de estarmos ali.

– Há muito tempo, nosso querido João Pedro – indicou para mim –, conheceu Fátima, que hoje mora aqui com o marido e os filhos. Juntos, foram a uma clínica para que ela fizesse um aborto, pois ela acreditava ter ficado grávida dele.

– Sim, claro. Conheço o fato – confirmou Israel. – Fátima não se encontra muito bem nos últimos anos. É mais uma vítima do mal do século: a Depressão. Como sabem, muitos fatores contribuem para esse estado, principalmente quando a criatura, de forma consciente ou inconsciente, não se perdoa por algo que tenha feito, ou não se conhece, não tem objetivo certo, entre outras coisas. Todas de fundo emocional. Fátima não teve, quando jovem, uma vida moralmente saudável. A falta de orientação religiosa, normalmente, deixa isso acontecer. Embora ela tenha nascido em família católica, esse era, infelizmente, só um título religioso que ela se deu. A falta de uma moral mais saudável, quando jovem, não incomoda. Mas quando a pessoa amadurece, reconhece que não agiu corretamente e que suas práticas provocaram dores na alma. Mesmo que não se recorde ou não saiba a origem dessas dores, podem chegar a um grau tão intenso que provocam um estado de depressão que varia de pessoa para pessoa. Com ela não foi diferente. Hoje, um arrependimento cruel, que nem ela mesma entende, deixa-a em um estado desagradável e sombrio. Nossa querida Fátima realizou aquele e também outro aborto. Esses dois espíritos não lhe perdoaram e passaram a ser obsessores cruéis, inconformados por terem sido rejeitados pela própria mãe. Ela não se deu conta do processo obsessivo e seguiu tocando a vida. Conheceu Arnaldo, um bom homem, mas que só pensa em trabalhar e ganhar dinheiro. Não se importa com os deveres de marido e pai, que é participar ativamente dos assuntos da casa e de algumas tarefas. Após o nascimento do primeiro filho do casal, que se chama Arnaldo Júnior, Fátima começou a entender que não poderia contar com o marido para dividir os desafios diários. O marido proporcionava conforto, liberdade e todo bem-estar que o dinheiro pode trazer, mas não era companheiro nem amigo. O estado emocional da esposa começou a ser afetado, principalmente pelo processo obsessivo. A mãe começou a levá-la à igreja católica, o que ajudou um pouco. Trabalhar a fé, despertá-la dentro de nós sempre ajuda. Em estado de sono para o corpo físico, no plano espiritual, Fátima demonstrou-se disposta a começar a harmonizar faltas que a consciência cobrava. Verificando que a revolta das duas criaturas, que havia rejeitado como filhos, contribuíam muito para sua depressão, ela sugeriu a possibilidade de recebê-los como filhos. Foi diante disso que um daqueles espíritos, o que era mais dócil, sensibilizou-se e abrandou seu coração, tocado pelas explicações de Fátima que, verdadeiramente arrependida, justificou sua prática com a irresponsabilidade da juventude, a ignorância típica da idade e a falta de conhecimento religioso, dizendo que se fosse naqueles dias, seria diferente. O espírito sofrido também se arrependeu de seus atos contra ela e aceitou ser recebido como filho. Ela, por sua vez, prometeu amá-lo, guiá-lo e educá-lo no caminho do bem. Por ter ligação e afinidade também com Arnaldo, marido de Fátima, que também o aceitou, não foi difícil colocá-los juntos. Foi assim que Douglas reencarnou, mas, infelizmente, a outra entidade não aceitou ser o seguinte a reencarnar e continuou revoltada na espiritualidade.

– Eu nem sei se o filho que ela esperava, na época, era meu – comentei. – Porém, isso não diminui minha culpa na participação desse ato tão cruel, que é o aborto. Sou igualmente responsável pela morte daquela criança.

– Sem dúvida que sim. Somos responsáveis por tudo o que propomos ou fazemos – confirmou Erick.

– Sabe me dizer se era meu filho?

Israel, com olhar fraterno, ofereceu leve sorriso ao responder:

– Sim. Era seu filho sim. E hoje ele está reencarnado com o nome de Douglas. Filho de Fátima e Arnaldo.

Por um instante fiquei triste. Gostaria que ele estivesse no plano espiritual para eu poder fazer algo por ele. Falar, conversar, explicar... Procurar guiá-lo, tirá-lo daquele estado sofredor, pois todo aquele que quer se vingar, que quer fazer os outros sofrerem, sofre, embora não saiba ou não admita.

Erick pareceu ler meus pensamentos e ensinou:

– Você não pode jogar fora todas as suas intenções elevadas. O que deseja fazer de bom para alguém e não consegue ou não pode terá condições de fazer a outro e, certamente, terá o mesmo valor. É importante sabermos que quando não existe a possibilidade de harmonizarmos algo com alguém, podemos harmonizar nossa consciência com outro que surja em nosso caminho e que tenha necessidades semelhantes. Se aquele que foi seu filho se encontra em outro caminho e, por enquanto, não pode estar com ele, faça a outro o que gostaria de fazer por ele.

Fiquei pensativo. Nesse momento, Israel comentou:

– Temos ainda, com Fátima, o espírito Constâncio, que foi filho de Arnaldo. Quando ele soube que ela estava grávida, assim como você, pediu para que fizesse o aborto por conta de estarem começando a vida de casados, na época. Constâncio é rebelde, vampiriza as energias de Fátima, esgotando-a, deixando-a melancólica e sem estímulo. Ela perde o controle do raciocínio. Mesmo acordada, vive um pesadelo angustioso, inquietante e triste. Insegura com o futuro. Experimenta sentimentos e sensações que não sabe explicar. Constâncio é uma criatura que precisa de ajuda e muito amor.

Sábio, Erick falou, repetindo os ensinamentos do Mestre Jesus.

– "Se amar somente os que vos amam, que vantagens tereis? Mas se amar os inimigos, se fizer o bem àqueles que não conhece..." – Sorriu para mim ao explicar melhor: – Embora você e Constâncio não tenham qualquer ligação, mostre que é capaz de amar e fazer por um estranho aquilo que gostaria de fazer por um amigo. Isso é amor de verdade, amor incondicional.

Fiquei temeroso. Apesar disso, decidi me colocar à prova.

Sorri para Erick e pedi humildemente:

– Pode me ajudar?

– Lógico – ele sorriu largamente e colocou o braço em meus ombros. Em seguida, afastou-se e pediu para Israel: – Onde estão os filhos de Arnaldo e Fátima?

– No momento, estão com a babá, ali fora, no pátio dos fundos, tomando sol na piscina. Vou levá-los até lá.

Atravessamos a casa. Corri o olhar pelo ambiente e reparei que tudo era moderno, prático, bonito e bem-disposto.

Havia uma empregada preparando o almoço e, junto dela, duas entidades tão interessadas em seus pensamentos egoístas e invejosos, que não nos viu em outro nível da mesma espiritualidade.

Chegamos a um pátio e logo a um gramado. Pedras bonitas no piso serviam de calçamento e rodeavam a piscina límpida.

Sob um guarda-sol aberto, mesmo com o sol escondido entre nuvens fofas, uma mulher jovem brincava e cantava para as duas crianças que estavam sentadas na piscina com água até a cintura.

Um sentimento forte e inexplicável tomou conta de mim. Todo o meu ser estremeceu, despertando em meu coração, através das lágrimas, emoções que desconhecia ter.

Aproximei-me das crianças, em particular do menorzinho.

Abaixei-me e o afaguei com carinho imenso. Não pude deter as lágrimas que tinham grande dose de arrependimento.

Aquela criaturinha fora meu filho, mesmo que por pouco tempo, e eu ajudei a matá-lo.

Quanta dor! Quanto remorso senti!

Jamais pensei que pudesse experimentar, um dia, esses sentimentos que cortavam as fibras mais profundas do meu ser.

Quando pensei em tudo o que fiz, senti-me um monstro. Um covarde.

Fiquei algum tempo entre as criancinhas tentando brincar com elas, desejando que me percebessem. Por um breve momento, o pequeno Douglas olhou para mim e sorriu.

Tomei um susto. Ele podia me ver. Eu senti, naquele sorriso, como se ele tivesse me perdoado, embora eu mesmo não conseguisse me perdoar.

No momento seguinte, ele voltou a brincar com um baldinho e outros brinquedos.

– E foi, de fato, um sorriso de perdão – disse o nosso instrutor que se aproximou de mim.

– Erick, como ele pôde me perdoar?

– Quando Fátima explicou o que pôde e da forma como pôde sobre o ato do aborto e exibiu arrependimento sincero, Douglas, na espiritualidade e com outra consciência, foi capaz de entender que ele poderia usar tudo o que lhe aconteceu para o seu próprio crescimento espiritual. As entidades que os acompanhavam, responsáveis pelo encontro, proporcionaram a ele explicações e sugestões de ele se melhorar e se fortalecer com o que aconteceu. Douglas, disposto a se elevar, entendeu e aceitou o socorro e a reparação. Fátima se dispôs a dedicar seu amor e guiá-lo para o bem. Ele os perdoou. Seu coração é bom.

– Mas eu não me perdoo – falei sem ânimo.

– Será capaz de se perdoar quando se voltar a práticas nobres, a tarefas mais evoluídas. Agora vamos. Precisamos ver Fátima e aquele que a acompanha.

Inclinei-me, beijei a testa do pequeno Douglas, que novamente sorriu para mim e me ofereceu um brinquedo que não pude pegar. Chorei em silêncio.

A babá o chamou para que ficasse atento a um outro brinquedinho e eu me levantei e segui nosso instrutor.

Capítulo 13

A ideia deste livro

Enquanto voltávamos para dentro da casa, fiquei pensando na nobreza do perdão. Como é nobre a criatura que sabe perdoar e esquecer, definitivamente, as ofensas, os prejuízos, as dores que outro lhe provocou. Acho que se ganha muito, na escala evolutiva, quando se sabe perdoar.

O mais difícil, porém, é se perdoar por ofender, prejudicar, ferir, magoar alguém. Como reverter isso? Como harmonizar a própria consciência pelas faltas cometidas?

Quando enxergamos os erros, vemos, na espiritualidade, as burradas que fizemos encarnados, queremos, desesperadamente, reencarnar para, no corpo físico, nós nos esquecermos do arrependimento.

É por isso que dizem: "Abençoado esquecimento, quando encarnado".

Eu não tinha a menor ideia do que era arrepender-me até então. Ninguém imagina como é essa dor, aqui, no plano espiritual. Entendi, agora, porque o Mestre Jesus disse: "reconcilia-te com o teu inimigo enquanto está no caminho com ele".

ෙ Chegamos a uma suíte muito bonita onde uma cama de casal bem grande recebia a iluminação de uma porta larga de vidro transparente que dava acesso a uma sacada. As cortinas sopravam com leveza, filtrando a luz.

Muito luxo.

Corri o olhar para a sacada e vi, ainda de camisola e um roupão leve e comprido, Fátima, debruçada no peitoril, olhando em direção à piscina, vigiando a babá e os filhos, talvez.

Era uma mulher madura e muito bonita. Estava muito diferente daquela menina que conheci. Mas seu semblante caído a deixava abatida e sem expressão.

Pálida, trazia as mãos finas apertando, de forma tensa, o beiral da balaustrada.

Nós nos aproximamos e, ao seu lado, vi uma criatura de aparência forte, musculosa. Tinha o aspecto de um homem maduro que, embora estivesse na espiritualidade, não nos via, tamanho era o seu empenho para sufocar os pensamentos de Fátima em angustiosa dor.

Em alguns momentos, aquele algoz ria e se divertia pela expressão sofredora de sua vítima que passava alguns minutos em extremo desespero.

Fátima se afastou da sacada e, dentro do quarto, apalpou a cama antes de se sentar. Levando as mãos frágeis ao rosto, chorou soluçando compulsivamente.

Alguns momentos e pediu em voz alta:

– Deus! O que aconteceu comigo? Por que esses sentimentos? Por que essa dor? Esse desespero sem explicação?

– Porque é uma homicida! – disse seu vingador como se sussurrasse. – Matou inocentes indefesos! – falou pausadamente como se quisesse torturá-la de modo lento. – Hoje diz que é uma mulher séria, mãe de família, só porque ninguém sabe do seu passado leviano, dos lugares que frequentou, dos diversos homens com quem se deitou...

Nem é tão necessário descrever tudo o que aquele obsessor disse a fim de influenciar e torturar Fátima, que não podia ouvi-lo, mas captava e sentia as acusações como uma dor lancinante na consciência pesada.

Erick se aproximou de mim e auxiliou-me a enxergar as ondas magnéticas que ligavam os centros psíquicos de Fátima aos do corpo espiritual de seu algoz. Esse era um processo complicado e difícil até para eu entender, o que dirá explicar. Por isso não vou me aprofundar. Só é necessário dizer que seus pensamentos estavam ligados e o que ele desejava, ela sentia, sofria.

Em seguida, indicando para mim que o acompanhasse, nós nos aproximamos de Constâncio. Erick nos fez visíveis.

Num pulo, e ele perguntou assustado:

– Quem são vocês? De onde surgiram?!

– Só estamos de passagem, Constâncio – respondeu nosso instrutor em tom fraterno, com simplicidade.

– Como sabem meu nome? Quem são vocês dois?

Nesse instante, percebi que ele não via os demais.

– Pode me chamar de Erick e esse – olhou para mim –, é João Pedro. Viemos em paz para visitar Fátima.

Constâncio pronunciou alguns palavrões para ofender sua vítima e ainda disse:

– Vou me vingar dela até o fim de seus dias! Sofri muito quando fui assassinado por essa infeliz! Ela não terá paz! Não encontrará tranquilidade!

Remédio algum trará alívio à dor em sua alma! Ela foi leviana! Imunda! Não cultivou nada de bom na vida!

– A lei de esforço próprio deve funcionar para todos. Qual de nós, desde que Criados pelo Pai, percorreu sempre os caminhos de elevados valores? – perguntou Erick com a calma e ternura que lhe eram peculiares. – Normalmente, buscamos pelos prazeres e não nos esforçamos. Cometemos erros e enganos, antes de elevarmos o campo vibratório. Não é justo sofrermos por imposição dos outros. Dessa forma, somos arrebatados e nos demoramos para o trabalho útil às Obras Divinas e para as harmonizações necessárias.

Constâncio ficou pensativo, mas sua calma durou apenas alguns segundos. Assim inquiriu, parecendo bem nervoso pelo que Erick o tinha alertado:

– Quem é você?! O que faz aqui?!

– Como já disse, só estou de passagem – tornou nosso instrutor humilde.

– Se veio aqui, como os outros, tentar me converter!... Está perdendo seu tempo!

Erick pareceu se dar por vencido. Pelo menos foi isso o que demonstrou.

Aproximando-se de Fátima, afagou sua cabeça por alguns minutos e, bem provavelmente, aplicou-lhe energias que não pudemos perceber, pois ela parou de chorar e ergueu o tronco, olhou para cima e respirou fundo.

– O que você está fazendo?! – gritou Constâncio.
– Nada – respondeu Erick.
– Vá embora! Suma daqui!
– Tenho o direito de estar aqui tanto quanto você. Por hora eu vou, porém voltarei – disse em tom simples.

Olhando-me nos olhos como se me chamasse para segui-lo, saiu do quarto e eu o acompanhei.

꩜ Em outro cômodo, Israel parecia nos aguardar. Aproximando-se de nosso instrutor, ele disse:

– Encontrou Constâncio e pôde ver o que ele está fazendo com Fátima?

– Sim. Eu os vi. Senti também que a situação de Fátima não se agravou por conta de seu trabalho, de sua proteção, Israel – tornou Erick.

– O que mais auxilia é a fé, mesmo que vacilante. A partir do momento em que se voltou ao Alto e pediu socorro, tudo ficou mais fácil. Embora ela ainda questione Deus sobre onde Ele está que não a socorre e a deixa sofrer tanto.

– Em vez de questionar: Onde é que Deus está? A pergunta certa seria: Onde é que eu estava para me esquecer tanto de Deus quando cometi erros e enganos? Que abismo foi esse que deixei acontecer entre mim e o Pai Criador quando pensei em aproveitar a vida? Não quis que Ele me ajudasse nem me lembrei dos princípios morais ensinados pelo Mestre Nazareno, pois isso serviria de freio para meus desatinos. – Fez breve pausa. Depois completou: – O Pai Criador é bondade, amor e compreensão. Por isso socorre sempre, desde que nós decidamos nos recompor e agir para o bem, corrigindo os desvios.

– São sábias suas observações, prezado Erick. Vejo que seu intuito é ajudar. Gostaria de lhe fornecer mais informações a fim de contribuir beneficamente para este caso.

Ambos conversaram por longo tempo.

Depois nos despedimos e fomos embora com a promessa de retornar em breve.

༄ Voltamos para a oficina que nos servia de abrigo. Precisávamos de repouso e recomposição.

No dia seguinte, procurei por Erick, e Élcio me informou:

– Saiu quando ainda estava escuro. Disse que precisava fazer contato com alguém que ajudará muito no caso de Fátima.

༄ Somente no início da noite Erick retornou e foi me procurar.

— Baseado em tudo o que Israel me contou, fui buscar mais informações e auxílio para ajudar em nossa tarefa.

Conversamos muito naquela noite e recebi instruções para saber como falar com Constâncio.

Sem dúvida Erick poderia fazer isso bem melhor do que eu, no entanto, era minha consciência que precisava de alívio. Era eu que precisava me sentir útil no bem, útil para alguma tarefa nobre. Eu precisava mostrar para mim mesmo que era capaz de fazer o oposto do que já havia feito. Resultado de muito remorso e arrependimento.

Voltamos novamente para a casa onde Constâncio estava.

Desanimada, Fátima bebericava em uma xícara o chá de ervas para tomar um comprimido que deveria ajudar a melhorar seu estado emocional.

Ao seu lado, seu algoz a observava esperando o momento certo para influenciá-la com algum pensamento infeliz.

Do outro lado da mesa, diante da mãe, estava o filho mais velho, que a babá apressava para que bebesse o leite, pois o transporte escolar estava para chegar.

Arnaldo, marido de Fátima, na cabeceira da mesa, ao lado da esposa, terminou de beber o café preto e consultava o jornal, as páginas que traziam informações sobre investimentos.

Vez e outra, ele tecia comentários sobre finanças, animado com o mercado das ações. Pouco oferecia atenção à mulher nem olhava para o filho.

O resmungo do filho menor pôde ser ouvido, e a babá, que já estava ajudando o mais velho a sair da mesa, apressou-se a ir para o quarto.

Nesse momento, Arnaldo também se levantou, beijou a esposa e saiu.

Quando Constâncio ia se aproximar de Fátima, eu surgi à sua frente.

– Você de novo?!

– Vim ver como ela está – falei somente.

– Você a conhece? É algum parente?

– Parente, não. Eu a conheci há alguns anos. Talvez tenha contribuído para que seguisse por caminhos enganosos. Eu também acreditava nos prazeres momentâneos, por isso me dei muito mal.

– Você tem aparência jovem. Como desencarnou? – ele me perguntou.

Contei. Fiquei surpreso ao receber a atenção de Constâncio. O que não sabia era que Erick, sem que ele se desse conta, ministrava energias que lhe provocavam uma espécie de adormecimento das emoções irritadiças.

– E você? – mostrei-me interessado. – Como foi que fez a passagem?

– Fui muito injustiçado. Na última oportunidade de vida terrena, vi meus bens, todos, tomados por um sócio que se aproveitou de minha ingenuidade. Perdi tudo o que tinha. Vi minha família passar por necessidades... A única coisa que me restou fazer foi trabalhar ali e acolá por ninharia. É triste ver os filhinhos famintos. Esse homem, o sócio traidor, foi Arnaldo que, na existência atual, não quis me receber como filho. Fátima, desumana, atendeu ao seu pedido e, sem titubear, matou-me.

– Pelo que eu soube, houve a proposta de você reencarnar novamente entre eles.

– Nunca! Jamais vou aceitar isso! Tenho sede de vingança. Esses dois enfrentarão problemas que dinheiro algum poderá resolver. Já estão experimentando. Os melhores psiquiatras e os mais caros psicólogos não resolvem nem ajudam o estado emocional dessa assassina! Ele, por sua vez, sofre de outra forma por não conseguir ajudá-la. Seu dinheiro não traz felicidade ou harmonia. Vive desgostoso por vê-la infeliz. E a faz mais infeliz ainda quando se faz indiferente ao seu sofrimento, quando é indiferente como pai. Ainda farei com que Arnaldo perca seus bens e se limite a viver na miséria, assim como eu vivi. Vendo os filhos passarem necessidades e...

– Posso lhe fazer uma pergunta? – interrompi.

Constâncio ficou desconfiado, mas aceitou:

– Pode. O que quer saber?

– Tenho uma dúvida. Será que o resultado dessa vingança não trará dor, arrependimento e remorso para você?

– Lógico que não! – vociferou Constâncio.

– Quando estamos muito empenhados em um objetivo, não paramos para imaginar o resultado, as consequências de nossos atos. Entendo que seu ódio, esse sentimento forte que o leva à vingança, não o deixa ver que fará Arnaldo, Fátima e os filhos sofrerem como você e os seus sofreram. Se, no futuro, eles decidirem se vingar de você, será uma guerra sem fim. Lembre-se daquela frase: "olho por olho e dente por dente, e o mundo estará cego e desdentado". Alguém vai ter de parar e perdoar. Alguém, em algum momento, vai ter de resolver isso de outra forma. Seja você a criatura de caráter superior para deixar tudo isso para trás.

– Só terei paz quando vê-los sofrer como sofri.

– Onde estão os entes queridos que você diz terem sofrido junto com você?

Constâncio não respondeu.

Percebi que seu coração endurecido vivia em um martírio silencioso, pois não sabia onde estavam os que amou.

Quando o vi envolvido por pesados véus de dúvida, conforme Erick tinha me prevenido, indaguei:

– Será que as necessidades que experimentaram não foi por débito de um passado ainda mais distante? Será que seus queridos não se sentem libertos por terem saudado suas dívidas? Porque, se estivessem odiando Arnaldo, estariam aqui, ao seu lado, auxiliando-o nessa vingança.

Ele nada disse. Quando olhou para os lados, Fátima não estava mais à mesa e sabe-se lá para onde tinha ido.

Constâncio olhou em volta e não a encontrou.

Saindo às pressas, eu o segui para os fundos da casa, onde havia a piscina.

Fatima, vestida em um maiô, encontrava-se dentro da piscina com água até a cintura, trazendo firme nos braços o pequeno Douglas que ria gostosamente com as brincadeiras da mãe, que o divertia.

Constâncio parou para vê-los e eu me aproximei, perguntando:

– Sabe quem é o Douglas?

– O infeliz que ela matou com o aborto. Você sabe disso. Era seu filho.

Cuidadoso, conforme as orientações recebidas, tornei a perguntar:

– Mas... Antes disso, num passado distante. Sabe me dizer quem foi ele? Ou não o está reconhecendo?

Naquele instante, um espírito, uma luzente figura feminina se aproximou. Eu já esperava isso.

Os olhos de Constâncio se arregalaram e ele pronunciou:

– Helena?! Helena, é você?!

Com a aparência de uma bela mulher de meia-idade, ela sorriu lindamente e disse:

– Meu querido Constâncio, por quais caminhos trilhou? Tão fundo, que não pôde me ver? Você tem mergulhado tanto a mente em desejo de vingança que nem foi capaz de reconhecer Levi e Lázaro, nossos dois filhos amados, reencarnados, hoje, como filhos de Fátima e Arnaldo. Levi, como Júnior, e Lázaro como Douglas.

– Não, Helena! Não são eles! Tenho certeza!

– Está errado, meu querido – disse de forma doce. Aproximando-se, afagou-lhe a face espantada e revelou amável: – E eu serei a próxima.

– Como assim?! – Constâncio se assustou.

– Em breve vou reencarnar como filha da querida Fátima. Tenho intenções de guiá-la para que se eleve e evolua.

– Mas... – ele tentou dizer.

– Tudo o que faz, e o que ainda vai fazer, repercutirá em nossa vida. É certo que Arnaldo, por força da atração, para que resgate o que fez no passado, enfrentará dificuldades financeiras e não vai conseguir continuar com a vida farta que possui hoje. Porém isso não ocorrerá por sua vontade, Constâncio. Isso já faz parte do planejamento reencarnatório de todos nós. – Breve pausa e sorriu ao encará-lo: – Mas você, meu querido, bem que poderia se adiantar. Elevar-se no desejo do amor e do bem para voltar comigo. Nós nos encontraríamos na escola, na rua e, talvez... Poderíamos continuar de onde paramos.

– Helena! Você não pode falar sério! Você não fará isso!

– Veja, meu amor. Olhe para a Fátima. Como ela é boa mãe para os nossos filhos quando não está sob a sua influência. Liberte-a de seu julgo, de sua vingança infantil. Ela tem muito a fazer pelos filhos próprios e pelos filhos do mundo.

Constâncio tornou a olhar para Fátima e ficou pensativo.

Helena sorriu e comentou, quase em tom de brincadeira, embora falando sério:

– Nem todo genro é capaz de amar plenamente os sogros, mas todos são capazes de ajudar, proteger, benquerer... – Um momento e perguntou: – Faria isso por mim? Seria capaz de me ajudar a cuidar deles na velhice? – sorriu.

Ele a olhou por longo tempo e ficou emocionado. Tomando suas mãos, disse em tom afetuoso:

– Por você, por seu amor, sou capaz de tudo.

– Então venha comigo. Tenho planos. Precisamos conversar muito.

Erick se fez visível para mim e, com um olhar, chamou-me.

Eu não queria ir. Gostaria de saber mais sobre aquele enredo, mas não ousei desobedecer ao instrutor.

Muito empolgado, perguntei admirado:

– Ele nem reconheceu os próprios filhos?!

– Ficamos cegos quando o ódio, a vingança, o egoísmo, o ciúme ou outros sentimentos desequilibrados dominam nossos desejos. Constâncio estava tão envolvido em seus objetivos que não estava disposto a prestar atenção em nada.

– Mas ele reconheceu Helena!

– Do amor verdadeiro, não nos esquecemos nunca! – sorriu satisfeito. – É por ele que, muitos de nós, redimimo-nos, perdoamos, libertamos... E nos voltamos para o bem.

– O que deve acontecer agora com eles? Quais os planos?

– Muito provavelmente, reencarnarão. Vão se encontrar. Formarão um casal. Ele vai se dar muito bem com os cunhados, mas nem tanto com os sogros – sorriu. – Porém, por serem pais de sua mulher, a quem amará muito, deverá ajudá-la a cuidar deles e assim dar os primeiros passos rumo ao perdão.

– E a Fátima? Ela vai se livrar da Depressão, já que Constâncio não estará mais ao seu lado?

– A Depressão é um estado e não uma condição. Fátima será guiada para trabalhar, doando-se, auxiliando crianças órfãs e necessitadas. E é a religiosidade que vai provocar esse encontro. Fazendo isso, há de se sentir melhor. Sendo mãe dos filhos do mundo, empenhada no amor, esse estado vai sumir, certamente. Fará por outras crianças o que deveria fazer pelos filhos que rejeitou e nisso encontrará equilíbrio emocional. Quando a situação financeira do marido não for boa, trabalhará fora. Vai montar novamente seu instituto de beleza. Continuará zelosa com os filhos e não vai se abalar mais. A falta de dinheiro vai incomodar imensamente Arnaldo, mas, de alguma forma, os filhos ficarão bem devido às boas oportunidades que vão surgir.

Seguimos para o Posto de Socorro que nos abrigava e continuamos em silêncio.

೧୬ Bem mais tarde, Erick me procurou e, estando sozinho, perguntou:

– Como se sente?

– Depois que vi Constâncio seguindo com Helena, deixando de infernizar Fátima, senti um alívio imenso. Nem dá para descrever. Embora eu ainda esteja triste por ter levado Fátima a praticar o aborto de Douglas, meu filho. Consigo entender que foi um ato infeliz da nossa parte, ato do qual me arrependo. Queria tê-lo ajudado, mas...

– Às vezes, João Pedro, não podemos ajudar aquele que queremos, mas podemos fazer por outro aquilo que desejaríamos fazer por aqueles com os quais nos envolvemos e nos sentimos em débito. Considere o auxílio de Constâncio, como se tivesse feito por Douglas, que pareceu mais elevado e sem a necessidade de socorro.

– Sabe, Erick, eu me arrependo de muita coisa errada que fiz. Esse arrependimento é muito amargo. Lembro que você me falou do autoperdão, porém eu não imaginava que era tão difícil assim. – Fiz uma pausa. – Não só me envolvi com drogas, mas levei muitos ao vício. Facilitei muita gente a seguir por esse caminho. Não consigo esquecer a moça que também desencarnou naquele acidente e... Será que, um dia, poderei ajudar essas pessoas? Será que, um dia, poderei ajudar outros para compensar o que fiz?

– Pode. Sempre podemos. E se estiver preparado, pode começar o quanto antes.

– Como?

– Eu vim aqui agora justamente para lhe propor isso. – Não entendi nada e ele pediu: – Venha comigo – expandindo aquele seu sorriso de vibrações extremamente iluminadas.

Acompanhei o instrutor e comecei a ficar ansioso quando percorremos os corredores que levavam até aquele auditório onde vi Schellida.

Chegamos e estavam em plena reunião.

Aguardamos outros assuntos serem tratados, até que Erick fez um sinal para eu acompanhá-lo e se aproximou da benfeitora.

– Então foi buscá-lo para mim – disse em tom amoroso e uma vibração tão doce e elevada que é impossível descrever.

Era Schellida. Venerável e bela. Radiante. Acompanhada sempre de outros seres elevados e luzentes que lhe davam sustentação.

Novamente, aquela emoção natural que não me surpreendeu. Estava em lágrimas, não sei por quê.

Ela fez um gesto suave com a mão delicada e fiquei ao seu lado como me indicou.

Em tom amável disse:

– Todos estamos em processo de aperfeiçoamento, meu querido João Pedro, incluindo eu. Como humilde servidora, possuo um trabalho de escrita que serve para alertar e sugerir aos encarnados novos caminhos rumo à elevação, a fim de evitarem amarguras e corrigirem enganos, equilibrando o ser. Nessa tarefa, procuro deixar sementes que germinem e produzam reflexões e atração de forças mais nobres nos caminhos que escolherem e ao redor dos próprios passos. Pelo fato de você ter demonstrado empenho, não só para vencer seus desafios, mas, sobretudo, para auxiliar, com carinho incondicional, irmãos que, na verdade, nem teria necessidade de ajudar, gostaria de lhe propor que se juntasse a nós nessa tarefa de literários.

Meus pensamentos ficaram atordoados. Será que ela estava me convidando para escrever? Burro que eu sou, demorei para entender isso. Ela sorriu e explicou:

– Não buscamos, de forma alguma, literatos capacitados para concorrer a troféus, prêmios ou Academias de Letras, mas, acima de tudo, buscamos alguém capaz de descrever e escrever com simplicidade e verdade as experiências vividas, principalmente, como as suas. Vivências que possam servir de alerta para aqueles que desconhecem caminhos tortuosos que provocam dor ou desespero. O que me diz?

Fiquei feito um paspalho. Mudo à sua frente.

Schellida, diante de minha demora, simplesmente sorriu em vez de me perguntar novamente.

Num impulso, perguntei querendo ter certeza:

– Eu?

– Sim. Você – respondeu com doçura.

– Mas... Eu nem sei me expressar direito para escrever...

Foi então que ela disse:

– Ao escrever, seja você. Seja verdadeiro. Conte com simplicidade a sua história.

– Toda ela?

– Sim. Toda.

Nesse momento, um monte de coisas passou pelas minhas ideias.

Seria, talvez, a chance que pedi para procurar ajudar pessoas a saberem ou entenderem o que é esse caminho amargo, entre as drogas, que eu trilhei.

Uma inquietação tomou conta de mim quando eu disse:

– Sim. Eu aceito. Mas... Se por acaso não ficar bom, pode rejeitar o que eu fizer ou escrever novamente.

– Tenho certeza de que se sairá bem, pois contamos com seus esforços, não na medida do possível, mas acima da medida do possível – sorriu, parecendo brincar e logo explicou: – Em seu trabalho falará sobre o que o levou para caminho tão doloroso, informando àqueles que estiverem dispostos a conhecer novos princípios e novas luzes, consolando e transformando. Dizendo aos pais que os filhos rebeldes, que lhes fugiram ao controle e não estão mais com eles, não estão abandonados e que sempre existe socorro bendito, quantas vezes for preciso, até deixar de ser necessário. Seu trabalho, João Pedro, vai auxiliar muitas almas que estiverem caídas no mesmo precipício em que se atirou.

Ela se calou. Abaixou a cabeça, parecendo pensativa.

De seu redor e de seu peito, uma luz esplendorosa irradiava e enchia o ambiente.

Quando pareceu se desconcentrar do que fazia, voltou-se para mim e eu disse o que havia aprendido com ela:

– Aceito o convite e lhe sou muito grato. Não vou perder essa oportunidade. Não darei o melhor de mim, mas sim além do melhor de mim.

Schellida sorriu e aconselhou:

– Honre a oportunidade bendita. Agradeça ao Pai Celeste e sirva fraternalmente. Agora vá. Medite sobre a nova tarefa. Erick, meu braço forte, também nos trabalhos literários, vai conduzi-lo. Que o Mestre Jesus esteja com vocês – sorriu amorosa para o instrutor, que retribuiu e assentiu com a cabeça.

Um toque no meu ombro e entendi que Erick me chamou para sair.

Fiquei emocionado. Despedi-me e me retirei.

Chegando ao aposento em que sempre descansava, ainda chorando feito um bebê, sentei-me na cama.

Quando a emoção diminuiu, perguntei ao instrutor, que ainda estava ao meu lado, aguardando minha recomposição do choro:

– Como é que choramos no plano espiritual? Como podemos ter lágrimas, dor, sangue e outras coisas mais, típicas do corpo físico?

– O pensamento.

– Como assim?

– A força do nosso ser, da nossa alma e a continuação de nós mesmos é o pensamento. Ele tem um poder que poucos conhecem. Tudo o que vê e sente, na espiritualidade e também no plano físico, é conseguido com o poder do pensamento.

Refleti um pouco e mudei de assunto:

– Erick, serei capaz de escrever?

– Lógico.

– Como posso honrar esse trabalho?

– Despojando-se do orgulho. Comece por aí.

Pensei por um momento e deduzi:

– Abandonando o meu nome de encarnado para não ter ostentação e ser verdadeiro. Não omitir nada por vergonha das burradas que fiz. Explicar que não fui nenhum coitadinho e que minha vaidade me ferrou.

– Vigie o palavreado! – repreendeu e sorriu.

– Quero levar uma mensagem aos meus familiares e irmãos de toda a Terra ou, pelo menos... aos que quiserem ler o meu livro. Acho que vou descaracterizar algumas coisas para não ferir o coração de minha mãe ou... – Fiquei animado quando novas ideias surgiram: – Quem sabe esse trabalho chegue até ela e, de algum modo, lá no fundo, ela me reconheça, saiba que sou eu... Ele pode ajudar meu sobrinho e também aquela menina, que desencarnou comigo e hoje é adolescente... e... quem sabe, ela abrace a tarefa de ajudar outros a dizer não às drogas.

Quanta esperança! Nossa! Aí os pensamentos voaram...

E foi assim que a ideia deste trabalho começou.

Agradeço a Deus, por não nos esquecer e permitir que os anjos nos socorram...

Um beijo a todos!

João Pedro

Leia os romances de Schellida!
Emoção e ensinamento em cada página!
Psicografia de Eliana Machado Coelho

CORAÇÕES SEM DESTINO – Amor ou ilusão? Rubens, Humberto e Lívia tiveram que descobrir a resposta por intermédio de resgates sofridos, mas felizes ao final.

O BRILHO DA VERDADE – Samara viveu meio século no Umbral passando por experiências terríveis. Esgotada, e depois de muito estudo, Samara acredita-se preparada para reencarnar.

UM DIÁRIO NO TEMPO – A ditadura militar não manchou apenas a História do Brasil. Ela interferiu no destino de corações apaixonados.

DESPERTAR PARA A VIDA – Um acidente acontece e Márcia passa a ser envolvida pelo espírito Jonas, um desafeto que inicia um processo de obsessão contra ela.

O DIREITO DE SER FELIZ – Fernando e Regina apaixonam-se. Ele, de família rica. Ela, de classe média, jovem sensível e espírita. Mas o destino começa a pregar suas peças...

SEM REGRAS PARA AMAR – Gilda é uma mulher rica, casada com o empresário Adalberto. Arrogante, prepotente e orgulhosa, sempre consegue o que quer graças ao poder de sua posição social. Mas a vida dá muitas voltas.

UM MOTIVO PARA VIVER – O drama de Raquel começa aos nove anos, quando então passou a sofrer os assédios de Ladislau, um homem sem escrúpulos, mas dissimulado e gozando de boa reputação na cidade.

O RETORNO – Uma história de amor começa em 1888, na Inglaterra. Mas é no Brasil atual que esse sentimento puro irá se concretizar para a harmonização de todos aqueles que necessitam resgatar suas dívidas.

FORÇA PARA RECOMEÇAR – Sérgio e Débora se conhecem e nasce um grande amor entre eles. Mas encarnados e obsessores desaprovam essa união.

LIÇÕES QUE A VIDA OFERECE – Rafael é um jovem engenheiro e possui dois irmãos: Caio e Jorge. Filhos do milionário Paulo, dono de uma grande construtora, e de dona Augusta, os três sofrem de um mesmo mal: a indiferença e o descaso dos pais, apesar da riqueza e da vida abastada.

PONTE DAS LEMBRANÇAS – Ricos, felizes e desfrutando de alta posição social, duas grandes amigas, Belinda e Maria Cândida, reencontram-se e revigoram a amizade que parecia perdida no tempo.

MAIS FORTE DO QUE NUNCA – A vida ensina uma família a ser mais tolerante com a diversidade.

MOVIDA PELA AMBIÇÃO – Vitória deixou para trás um grande amor e foi em busca da fortuna. O que realmente importa na vida? O que é a verdadeira felicidade?

MINHA IMAGEM – Diogo e Felipe são irmãos gêmeos. Iguais em tudo. Até na disputa pelo amor de Vanessa. Quem vai vencer essa batalha de fortes sentimentos?

Romances imperdíveis!
Psicografia de Maurício de Castro

Nada é para Sempre

Clotilde morava em uma favela. Sua vida pelas ruas a esmolar trocados e comida para alimentar o pequeno Daniel a enchia de revolta e desespero. O desprezo da sociedade causava-lhe ódio. Mas, apesar de sua condição miserável, sua beleza chamou a atenção de madame Aurélia, dona da Mansão de Higienópolis, u casa de luxo em São Paulo que recebia clientes selecionados com todo o sigilo. Clotilde torna-se Isabela e começa então sua longa trilha em busca de dinheiro e ascensão social.

Ninguém Lucra com o Mal

Ernesto era um bom homem: classe média, trabalhador, esposa e duas filhas. Espírita convicto, excelente médium, trabalhava devotadamente em um centro de São Paulo. De repente, a vida de Ernesto se transform em uma viagem de volta do interior com a família, um acidente automobilístico arrebata sua mulher e as du meninas. Ernesto sobrevive... Mas agora está só, sem o bem mais precioso de sua vida: a família.

Herdeiros de Nós Mesmos

Herdeiros de Nós Mesmos
A fazenda Boa Esperança era uma verdadeira mina de ouro. Durante anos, vinha sustentando a família Caldeiras com luxo e muito dinheiro. Mas o velho Mariano, dono de todo aquele império, agora estava doe e à beira da morte. Uma emocionante obra que nos mostra as consequências do apego aos bens materiais, sobretudo quando ele contamina o amor entre as pessoas, gerando discórdia e desarmonia.

O Preço de uma Escolha

Neste emocionante romance, uma trama repleta de momentos de suspense, com ensinamentos espirituais vão nos ajudar no decorrer de nossa vida a fazermos sempre as escolhas certas sem prejuízo ao semelhante.

Sem Medo de Amar

Até quando o nosso medo de amar vai impedir que sejamos felizes? Hortência, Douglas e Amanda vencera esse desafio.

Ninguém Domina o Coração

Luciana e Fabiano têm uma relação apaixonada, mas a vida separa o casal. Luciana não vai desistir e quer s vingar. Um enredo cheio de suspense, vingança e paixão, no qual descobrimos que ninguém escolhe a que amar, mas que o caminho do verdadeiro amor deve sempre ser preenchido pelo perdão incondicional, não importando as mágoas de um doloroso passado.

Donos do Próprio Destino

Lucélia era uma mulher sofisticada. Empresária, dona de muitos negócios na Europa, pouco vinha ao Brasi Seus filhos, os jovens Caio e Nicole, foram praticamente criados pela tia, Virgínia, irmã de Lucélia. Em um de suas raras passagens pelo Brasil, Lucélia decide que os filhos devem voltar com ela para a Europa. A not cai como uma bomba naquela família. Estava em curso um ajuste de compromissos do passado, no qual to estavam entrelaçados e remonta ao século XVIII. Este romance instigante e cheio de mistérios, aborda assuntos como adultério, amor sem preconceito, vingança, paixão e resignação, mostrando-nos que todos somos donos do nosso próprio destino e responsáveis por tudo o que nos acontece. Cabe a nós fazermos as escolhas corretas, pois a harmonização de compromissos do passado é inevitável.

Leia estes envolventes romances do espírito Margarida da Cunha
Psicografia de Sulamita Santos

Doce Entardecer

Paulo e Renato eram como irmãos. O primeiro, pobre, um matuto trabalhador em seu pequeno sítio. O segundo, filho do coronel Donato, rico, era um doutor formado na capital que, mais tarde, assumiria os negócios do pai na fazenda. Amigos sinceros e verdadeiros, desde jovens trocavam muitas confidências. Foi Renato o responsável por levar Paulo a seu primeiro baile, na casa do doutor Silveira. Lá, o matuto iria conhecer Elvira, bela jovem que pertencia à alta sociedade da época. A moça corresponderia aos sentimentos de Paulo, dando início a um romance quase impossível, não fosse a ajuda do arguto amigo, Renato.

À Procura de um Culpado

Uma mansão, uma festa à beira da piscina, convidados, glamour e, de madrugada, um tiro. O empresário João Albuquerque de Lima estava morto. Quem o teria matado? Os espíritos vão ajudar a desvendar o mistério.

Desejo de Vingança

Numa pacata cidade perto de Sorocaba, no interior de São Paulo, o jovem Manoel apaixonou-se por Isabel, uma das meninas mais bonitas do município. Completamente cego de amor, Manoel, depois de muito insistir, consegue seu objetivo: casar-se com Isabel mesmo sabendo que ela não o amava. O que Manoel não sabia é que Isabel era uma mulher ardilosa, interesseira e orgulhosa. Ela já havia tentado destruir o segundo casamento do próprio pai com Naná, uma bondosa mulher, e, mais tarde, iria se envolver em um terrível caso de traição conjugal com desdobramentos inimagináveis para Manoel e os dois filhos, João Felipe e Janaína.

Laços que não se Rompem

Em idos de 1800, Jacob herda a fazenda de seu pai. Já casado com Eleonora, sonha em ter um herdeiro que possa dar continuidade a seus negócios e aos seus ideais. Margarida nasce e, já adolescente, conhece Rosalina, filha de escravos, e ambas passam a nutrir grande amizade, sem saber que são almas irmanadas pelo espírito. O amor fraternal que sentem, e que nem a morte é capaz de separar, é visível por todos. Um dia, a moça se apaixona por José, um escravo. E aí, começam suas maiores aflições.

Os Caminhos de Uma Mulher

Lucinda, uma moça simples, conhece Alberto, jovem rico e solteiro. Eles se apaixonam, mas para serem felizes terão de enfrentar Jacira, a mãe do rapaz. Conseguirão exercitar o perdão para o bem de todos? Um romance envolvente e cheio de emoções, que mostra que a vida ensina que perdoar é uma das melhores atitudes que podemos tomar para a nossa própria evolução.

O Passado Me Condena

Osmar Dias, viúvo, é um rico empresário da indústria plástica. Os filhos, João Vitor, casado, forte e independente, é o vice-diretor; e Lucas, o oposto do irmão, é um jovem, feliz, alegre e honesto. Por uma fatalidade, Osmar sofre um AVC e João Vitor tenta de todas as maneiras abreviar a vida dele. Contudo, depois de perder os seus bens mais preciosos, João se dá conta de que não há dinheiro que possa desculpar uma consciência ferida. E ele terá um grande desafio: perdoar-se sem olhar para os fios do passado.

Obras da médium Maria Nazareth Dória
Mais luz em sua vida!

A Saga de uma Sinhá (espírito Luiz Fernando - Pai Miguel de Angola)
Sinhá Margareth tem um filho proibido com o negro Antônio. A criança escapa da morte ao nascer. Começa a saga de uma mãe em busca de seu menino.

Lições da Senzala (espírito Luiz Fernando - Pai Miguel de Angola)
O negro Miguel viveu a dura experiência do trabalho escravo. O sangue derramado em terras brasileiras virou luz.

Amor e Ambição (espírito Helena)
Loretta era uma jovem nascida e criada na corte de um grande reino europeu entre os séculos XVII e XVIII. Determinada e romântica, desde a adolescência guardava um forte sentimento em seu coração: a paixão por seu primo Raul. Um detalhe apenas os separava: Raul era padre, convicto em sua vocação.

Sob o Olhar de Deus (espírito Helena)
Gilberto é um maestro de renome internacional, compositor famoso e respeitado no mundo todo. Casado com Maria Luiza, é pai de Angélica e Hortência, irmãs gêmeas com personalidades totalmente distintas. Fama, dinheiro e harmonia compõem o cenário daquela bem-sucedida família. Contudo, um segredo guardado na consciência de Gilberto vem modificar a vida de todos.

Um Novo Despertar (espírito Helena)
Simone é uma moça simples de uma pequena cidade interiorana. Lutadora incansável, ela trabalha em uma casa de família para sustentar a mãe e os irmãos, e sempre manteve acesa a esperança de conseguir um futuro melhor. Porém, a história de cada um segue caminhos que desconhecemos.

Jóia Rara (espírito Helena)
Leitura edificante, uma página por dia. Um roteiro diário para nossas reflexões e para a conquista de um padrão vibratório elevado, com bom ânimo e vontade de progredir. Essa é a proposta deste livro que irá encantar o leitor de todas as idades.

Minha Vida em tuas Mãos (espírito Luiz Fernando - Pai Miguel de Angola)
O negro velho Tibúrcio guardou um segredo por toda a vida. Agora, antes de sua morte, tudo seria esclarecido, para a comoção geral de uma família inteira.

A espiritualidade e os bebês (espírito Irmã Maria)
Livro que acaricia o coração de todos os bebês, papais e mamães, sejam eles de primeira viagem ou não, e ilumina os caminhos de cada um rumo à evolução espiritual para o progresso de todos.

Vozes do cativeiro (espírito Luiz Fernando - Pai Miguel de Angola)
Apesar do sofrimento dos escravos, a misericórdia Divina sempre esteve presente e lhes proporcionou a chance de sonhar, ouvir os pássaros e conviver com a natureza. As vozes do cativeiro agora são o som dos tambores e dos cantos de alegria em louvor aos mentores espirituais.

Herdeiro do Cálice Sagrado (espírito Helena)
Hideo, um jovem oriental, chega ao Brasil para construir uma nova vida. Maeva, Marcos, Simone e Carlos formam sua linda família. Neste romance, grandes emoções e muito suspense nos mostram que as sementes familiares que guardamos dentro de nós podem brotar em qualquer lugar. Mas serão sempre sementes de nossa família. Resta serem regadas com amor, carinho e ternura.

Obras de Irmão Ivo: leituras imperdíveis para seu crescimento espiritual
Psicografia da médium Sônia Tozzi

O Preço da Ambição
Três casais ricos desfrutam de um cruzeiro pela costa brasileira. Tudo é requinte e luxo. Até que um deles, chamado pela própria consciência, resolve questionar os verdadeiros valores da vida e a importância do dinheiro.

A Essência da Alma
Ensinamentos e mensagens de Irmão Ivo que orientam a Reforma Íntima e auxiliam no processo de autoconhecimento.

A Vida depois de Amanhã
Cássia viveu o trauma da separação de Léo, seu marido. Mas tudo passa e um novo caminho de amor sempre surge ao lado de outro companheiro.

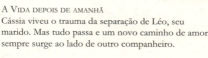

Quando Chegam as Respostas
Jacira e Josué viveram um casamento tumultuado. Agora, na espiritualidade, Jacira quer respostas para entender o porquê de seu sofrimento.

O Amor Enxuga as Lágrimas
Paulo e Marília, um típico casal classe média brasileiro, levam uma vida tranquila e feliz com os três filhos. Quando tudo parece caminhar em segurança, começam as provações daquela família após a doença do filho Fábio.

Somos Todos Aprendizes
Bernadete, uma estudante de Direito, está quase terminando seu curso. Arrogante, lógica e racional, vive em conflito com familiares e amigos de faculdade por causa de seu comportamento rígido.

No Limite da Ilusão
Marília queria ser modelo. Jovem, bonita e atraente, ela conseguiu subir. Mas a vida cobra seu preço.

O Passado ainda Vive
Constância pede para reencarnar e viver as mesmas experiências de outra vida. Mas será que ela conseguirá vencer os próprios erros?

Almas em Conflito
Cecília é casada com Joaquim e ambos têm três filhos. Mas uma fatalidade leva a filha, Teresa, para o plano espiritual e a vida de todos passa por transformações penosas, mas não injustas.

Renascendo da Dor
Raul e Solange são namorados. Um dia eles se separam e Solange inicia um romance com Murilo. Tempos depois, descobre ser portadora do vírus HIV. Começa, assim, uma nova fase em sua vida, e ela desperta para os ensinamentos superiores.

Livros da médium Eliane Macarini

Resgate na Cidade das Sombras
Virginia é casada com Samuel e tem três filhos: Sara, Sophia e Júnior. O cenário tem tudo para ser o de uma família feliz, não fossem o temperamento e as oscilações de humor de Virginia, uma mulher egoísta que desconhece sentimentos como harmonia, bondade e amor, e que provoca conflitos e mais conflitos dentro de sua própria casa.

Obsessão e Perdão
Não há mal que dure para sempre. E tudo fica mais fácil quando esquecemos as ofensas e exercitamos o perdão.

Aldeia da Escuridão
Ele era o chefe da Aldeia da Escuridão. Mas o verdadeiro amor vence qualquer desejo de vingança do mais duro coração.

Comunidade Educacional das Trevas
Nunca se viu antes uma degradação tão grande do setor da Educação no Brasil. A situação deprimente é reflexo da atuação de espíritos inferiores escravizados e treinados na Comunidade Educacional das Trevas, região especializada em criar perturbações na área escolar, visando sobretudo desvirtuar jovens ainda sem a devida força interior para rechaçar o mal.

Amazonas da Noite
Uma família é alvo de um grande processo obsessivo das Amazonas da Noite, uma falange de espíritos comandada pela líder Pentesileia. Elas habitam uma cidadela nas zonas inferiores e têm como inspiração as amazonas guerreiras de tempos remotos na Grécia.

Vidas em Jogo
Nesta obra, a catastrófica queda de jovens no mundo dos vícios e torpezas até a ascensão, que liberta e dignifica a própria existência. Uma lição de vida, que toca fundo no coração.

Berço de Luz
Rachel vive vários conflitos agravados pelo descontrole do pai, César, um homem que se embriaga com frequência e a maltrata. Inês, a mãe, é totalmente submissa ao marido autoritário. Esta obra nos mostra que a vida é um constante renascer, um processo contínuo de melhoria e evolução. Muitas vezes pelo sofrimento. Mas a dor é uma amiga passageira, aceitemos as dificuldades e logo um novo dia irá brilhar, mais bonito, mais radiante e mais feliz!

Só o Amor Pode Vencer
Dois jovens, Rebecca e Heitor, encontram-se novamente nesta encarnação para realizarem sonhos antigos de vidas passadas, dos tempos em que ele era um cavalariço e ela uma menina rica, com grande mediunidade. A história desses amigos nos mostra que é possível vencer qualquer obstáculo na vida, desde que tenhamos o firme propósito de superar limitações e problemas, na certeza de que, só com caridade, união, fé e fraternidade, as conquistas aparecerão.

Emocionantes romances do espírito Marius

Psicografia de Bertani Marinho

Sempre é Tempo de Aprender

A comovente história de Maurício Benevides, professor universitário, filósofo, e de sua família nos mostra como suportar a dor da perda de um ente querido e o que encontraremos no plano espiritual. E, ainda, como melhorar nossa conduta com os ensinamentos do Espiritismo, lições de vida inesquecíveis em benefício de nossa própria reforma íntima.

Portais da Eternidade

Ivete, uma jovem executiva bem-sucedida, resolve mudar radicalmente sua vida. Abandona tudo e vai para um mosteiro. Será que ela conhecerá a verdadeira humildade? Romance imperdível que nos traz o bálsamo do Espiritismo. Uma obra repleta de ensinamentos psicológicos, filosóficos e espíritas que tem como objetivo maior o aperfeiçoamento moral e intelectual do ser humano.

Deus Sempre Responde

Donato e Marcela, um casal que passa por uma jornada de provas e expiações e aprende muitas coisas a respeito da Lei de Ação e Reação, da reforma íntima, do amor de Deus e da erraticidade, inclusive a conhecer o amor de Deus, que sempre nos ouve, basta pedirmos e agradecermos com fé. Uma lição de fé sincera e amor verdadeiro, sempre em busca da cura da alma e do corpo físico, que vai tocar fundo seu coração.

Av. Porto Ferreira, 1031 | Parque Iracema
CEP 15809-020 | Catanduva-SP
17 3531.4444

www.lumeneditorial.com.br | atendimento@lumeneditorial.com.br
www.boanova.net | boanova@boanova.net